LA
SAGESSE
DES NATIONS

APHORISMES
PROVERBES, MAXIMES, SENTENCES
DE TOUS LES PAYS

Nouvelle édition revue et augmentée

NEUVIÈME MILLE

PARIS

LIBRAIRIE PLON

PLON-NOURRIT et Cⁱᵉ, IMPRIMEURS-ÉDITEURS

8, RUE GARANCIÈRE — 6ᵉ

1910

Tous droits réservés

LA SAGESSE

DES NATIONS

NOTE DE L'ÉDITEUR

Vers 1880, une plaquette-recueil intitulée *la Sagesse des Nations* et éditée par la Bibliothèque Philippart, sortait de la circulation en même temps que cette maison disparaissait.

Comme il eût été très regrettable qu'une compilation si heureusement choisie et aussi utile fût perdue, nous l'avons rééditée une première fois en 1888, sous une forme plus soignée et avec l'intention de la répandre gratuitement.

Depuis, nous en avons retranché quelques citations, tandis qu'un certain nombre d'autres, provenant d'auteurs modernes, y ont été ajoutées.

En agissant ainsi, nous croyons être resté dans la pensée des premiers rédacteurs de cette œuvre bienfaisante, devenue d'autant plus nécessaire que, de nos jours, l'instruction professionnelle absorbe les facultés de la jeunesse laborieuse et que l'on délaisse son éducation; cette dernière, pourtant, lui est aussi indispensable que l'instruction!

Puisse notre quatrième édition combler une telle lacune et atteindre, par la clarté et l'ampleur des enseignements qu'elle contient, le but de ceux qui, en créant ou continuant cette œuvre, ont voulu développer dans notre France les fortes qualités morales, base de toute société libre et civilisée.

ANSBERT LABBÉ.

Paris, octobre 1910

ABRÉVIATIONS

Aph.	Aphorisme.
Ecclés	Ecclésiaste.
Imit. J.-C	Imitation de Jésus-Christ.
Max	Maxime.
Prov	Proverbe.
Préc	Précepte.

LA SAGESSE

DES NATIONS

ACTIONS

Le corps se soutient par les aliments, et l'âme par les
bonnes actions.

Max. orient.

Songe que c'est trop peu que de ne pas mal faire
Il faut faire le bien. Il faut qu'un malheureux
Dans toi trouve toujours un ami généreux,
Et l'innocent toujours un défenseur sévère.

Pibrac.

C'est en quelque sorte participer à une bonne action
que de la louer de bon cœur.

La Rochefoucauld.

La vie de l'homme est un papier-journal : il ne faut
écrire sur ce papier que de bonnes actions.

Franklin.

Nous ne pouvons être témoins d'une bonne action
quel qu'en soit l'auteur, un autre ou nous-même, sans

I

éprouver un plaisir particulier, analogue à celui qui est attaché à la perception du beau ; et nous ne pouvons être témoins d'une mauvaise action sans éprouver un sentiment contraire analogue aussi à celui qu'excite la vue d'un objet laid et difforme.

Victor Cousin.

Le plus riche héritage qu'on puisse laisser à ses enfants, héritage préférable aux plus riches patrimoines, c'est la gloire de ses vertus et de ses belles actions.

La Rochefoucauld.

Plus nous faisons de bonnes actions dans notre jeunesse, plus nous préparons de douceurs et de consolations pour notre vieillesse.

Brueys.

Rien ne rafraîchit le sang comme de faire une bonne action.

Christine.

« Il faut faire comme les autres », maxime suspecte qui signifie presque toujours : « Il faut mal faire », dès qu'on l'étend au delà de ces choses purement extérieures qui n'ont point de suite, qui dépendent de l'usage, de la mode et des bienséances.

La Bruyère.

Ne remettez pas à demain la bonne action que vous pouvez faire aujourd'hui.

Max. orient.

Les plus belles actions cachées sont les plus estimables.

Pascal.

ACTIVITÉ

Agissons pendant que nous le pouvons : moyennant l'activité nous ferons beaucoup plus avec moins de peine.

Franklin.

Poussez vos affaires; que ce ne soient pas elles qui vous poussent.

Franklin.

Si vous voulez faire votre affaire, allez-y vous-même; si vous voulez qu'elle ne soit pas faite, envoyez-y.

Franklin.

AFFABILITÉ

Sois affable.

Caton.

L'affabilité est l'ornement de la grandeur, la fierté ne sied que dans l'infortune.

Max. ind.

AGRICULTURE

Celui qui cultive son champ ne pense pas à mal faire.

Cicéron.

L'agriculture est la base de toutes les richesses; sans elle la société ne saurait exister.

A mesure que la science qui a pour objet la culture des champs, des jardins, des forêts, ainsi que l'éducation

des ouvriers domestiques, s'enrichira de nouvelles dé-
couvertes et recevra une plus large application, le sort
des hommes deviendra meilleur : le bonheur à tous est
là.

C. *Spiess.*

AMBITION

Le lâche a moins d'affronts à dévorer que l'ambitieux.

Vauvenargues.

L'avide ambition pour mère a l'ignorance,
Le sot orgueil pour père, et l'enfer pour pays.
Pour désirs l'univers, pour plaisirs les ennuis :
Et trouve son tyran dans son impatience.

Pibrac.

L'esclave n'a qu'un maître, l'ambitieux en a autant
qu'il y a de gens utiles à sa fortune.

La Bruyère.

Dans l'esprit de l'ambitieux le succès couvre la honte
des moyens.

Massillon.

AME

Une belle âme doit être plus sensible aux bienfaits
qu'aux outrages.

Stanislas.

Une grande âme prend son essor vers la vertu à la

moindre occasion : une âme basse ne va à son devoir qu'en rampant.

Confucius.

L'âme des gens de bien est un sanctuaire où les méchants sont jugés.

Mabire.

Les grands revers sont la seule épreuve de la force de l'âme.

La Roche.

La grandeur d'âme consiste à être supérieur aux événements favorables ou contraires.

Bonnin.

AMITIÉ

Celui qui compte dix amis n'en a pas un.

Malesherbes.

Il est plus honteux de se défier de ses amis que d'en être trompé.

La Rochefoucauld.

Il y a un goût dans la pure amitié où ne peuvent atteindre ceux qui sont nés médiocres.

La Bruyère.

Le véritable ami est le plus grand de tous les biens.

Saint-Réal.

Qui est ami de tous n'est ami de personne.

Max. esp.

Un vieil ami est chose toujours nouvelle.

Prov. ital.

Il ne faut pas regarder quel bien nous fait un ami, mais seulement le désir qu'il a de nous en faire.

La Rochefoucauld.

Si vous avez trouvé un ami vertueux et fidèle, vous avez trouvé un trésor; sa réputation garantira la vôtre il adoucira vos peines, il doublera vos plaisirs.

Madame de Lambert.

Y a-t-il quelque chose de comparable à la douceur de l'amitié? Quelle consolation de trouver un second soi-même pour qui l'on n'a rien de secret et dans le cœur duquel on puisse répandre le sien avec effusion!

Rollin.

L'homme qui adresse à son ami des paroles de flatterie et de mensonge tend un filet devant ses pas.

Salomon.

Les bons comptes font les bons amis.

Prov. ital.

Il ne faut pas offenser ses amis, même en riant.

Max. lat.

On ne peut que bien augurer d'un homme qui a des amis vertueux.

Stanislas.

Trois choses concourent à former une véritable

amitié : la vertu, qui en fait l'honnêteté; l'habitude, qui en fait la douceur; l'utilité réciproque, qui en fait le lien.

Plutarque.

Lorsque tu donnes des louanges injustes à ton ami, tu le perds.

Thalès.

Regardez comme un ami sûr l'homme sincère qui vous avertit de vos fautes, et non celui qui approuve tout ce que vous faites.

Montry.

La flatterie n'est pas de l'amitié.

Prov. gr.

Ne donne pas à tes amis les conseils les plus agréables, mais les plus avantageux.

Solon.

L'amitié, c'est un nom sacré, c'est une chose sainte; elle ne se met jamais qu'entre gents de bien, ne se prend que par une mutuelle estime; elle s'entretient non tant par un bienfaict, que par la bonne vie. Ce qui rend un amy asseuré de l'aultre, c'est la cognoissance qu'il a de son intégrité; les respondants qu'il en a, c'est son bon naturel, la foy et constance. Il n'y peult avoir d'amitié là où est la cruauté, là où est la déloyauté, là où est l'injustice. Entre les meschants quand ils s'assemblent, c'est un complot, non pas compagnie; ils ne s'entretiennent pas, mais ils s'entrecraignent; ils ne sont pas amis, mais ils sont complices.

Étienne de la Boëtie.

C'est dans le creuset qu'on éprouve l'or : c'est dans le malheur qu'on connaît l'ami véritable.

Max. orient.

Dans tes amis tu dois mettre ta confiance,
Déposer dans leur sein les secrets de ton cœur,
Partager leurs plaisirs, partager leur douleur,
Et ne voir leurs défauts que d'un œil d'indulgence.

Pibrac.

Les seuls amis solides sont ceux qu'on acquiert par des qualités solides; les autres sont des convives, ou des compagnons, ou des complices.

J.-B. Say.

AMOUR-PROPRE

L'amour-propre est l'amour de soi-même et de toutes choses pour soi : il rend les hommes idolâtres d'eux-mêmes et les rendrait tyrans des autres si la fortune leur en donnait les moyens.

La Rochefoucauld.

Il n'y a pas de gens plus vides que ceux qui sont pleins d'eux-mêmes.

Mabire.

L'amour-propre est le plus grand ennemi de la vérité.

Sivry.

Celui qui croit pouvoir trouver en soi-même de quoi se passer de tout le monde se trompe fort; mais celui qui croit qu'on ne peut se passer de lui se trompe encore davantage.

La Rochefoucauld.

Il y a peu d'avantages à se plaire à soi-même quand on ne plait à personne; car souvent le trop grand amour qu'on a pour soi est châtié par le mépris d'autrui.

La Rochefoucauld.

L'amour-propre est le microscope qui grossit à nos yeux nos propres vertus et les défauts d'autrui.

Vauvenargues.

Tous les hommes font des fautes; mais il faut regarder comme incorrigible celui qui prend en mauvaise part les conseils et les reproches.

Max. orient.

ANIMAUX

Aimer les animaux, avoir de la charité pour eux, est la marque d'un bon naturel.

Christine.

APPARENCES

Les apparences sont souvent trompeuses.

Prov. français.

Ne vous fiez pas aux apparences : le tambour, avec tout le bruit qu'il fait, n'est rempli que de vent.

Mabire.

Les jugements sur les apparences sont si souvent faux, qu'il est étonnant qu'on ne s'en désaccoutume pas.

Madame de Sévigné.

ARBITRAGE

L'arbitrage légal et obligatoire ne dispensera personne du soin de se défendre, ni aucune nation du devoir d'être sur ses gardes sans jamais provoquer; mais ce ne sera qu'après la reconnaissance solennelle de cette juridiction auguste et suprême que la paix deviendra une certitude; alors seulement l'arbitrage primera la guerre, puisqu'il aura pour base le Droit et la Justice, l'intérêt général pour but et pour sanction.

A. L.

AVARICE

La pauvreté manque de beaucoup de choses, l'avarice manque de tout.

La Bruyère.

L'avarice est le châtiment du riche.

Max. orient.

L'illusion des avares est de prendre l'or ou l'argent pour des biens, au lieu que ce ne sont que des moyens pour en avoir.

La Rochefoucauld.

Le supplice de l'avare serait de voir l'usage que ses héritiers font de son bien.

Tremblay.

Un avare n'est bon envers personne; mais il est cruel envers lui-même.

Prov. latin.

La soif de l'or a toujours éteint dans les hommes tout sentiment d'humanité.

Rollin.

Les avares amassent pour faire rire leurs héritiers.

Christine.

L'avare ne possède pas son or, mais son or le possède.

Bion.

A père avare, enfant prodigue.

Prov. esp.

Il est honteux de mourir en calculant son argent, et d'apprêter à rire à un héritier qu'on a longtemps fait attendre.

Sénèque.

L'avarice perd tout pour vouloir tout gagner.

La Fontaine.

BAVARD

Personne ne fait plus paraître sa bêtise que celui qui commence de parler avant que celui qui parle ait achevé.

Max. orient.

Il est des vices dangereux, il en est de déplaisants, il en est de ridicules; le babil réunit tous ces inconvénients : en disant des choses ordinaires, le babillard est

ridicule ; en disant des méchancetés, il est odieux ; en ne
sachant pas taire un secret, il se met en péril.

Plutarque.

Les hommes ont sur les bêtes l'avantage de la parole,
mais les bêtes sont préférables aux hommes si les paroles
ne sont de bon sens.

Max. orient.

BIENFAISANCE

Celui-là peut prendre qui goûte un plaisir aussi délicat à recevoir que son ami en sent à lui donner.

La Bruyère.

Laissez aller les bienfaits, dussent-ils ne jamais revenir : la découverte d'un homme reconnaissant n'est pas
trop payée par un essai sur quelques ingrats.

Sénèque.

BIENVEILLANCE

On peut résister à tout, hors à la bienveillance, et il
n'y a pas de moyen plus sûr d'acquérir l'affection des
autres que de leur donner la sienne.

Aph.

La modeste et douce bienveillance est une vertu qui
donne plus d'amis que la richesse et plus de crédit que
le pouvoir.

Ségur.

BONHEUR

N'entretenez pas de votre bonheur un homme moins
heureux que vous.

Pythagore.

Il en est du bonheur comme des montres : les moins
compliquées sont celles qui se dérangent le moins.

Chamfort.

Il y aurait de quoi faire bien des heureux avec tout
le bonheur qui se perd en ce monde.

Lévis.

Être bon, c'est être heureux.

Max. anglaise.

Dieu fait du bonheur un devoir en apprenant qu'on
n'est heureux que par la vertu.

A. Dufresne.

Si l'on voulait n'être qu'heureux, cela serait bientôt
fait; mais on veut être plus heureux que les autres, et
cela est presque toujours difficile, parce que nous
croyons les autres plus heureux qu'ils ne le sont.

Montesquieu.

Ni l'or ni la grandeur ne nous rendent heureux.

La Fontaine.

Il n'y a pas de route plus sûre pour aller au bonheur
que celle de la vertu. Si l'on y parvient, il est plus pur,
plus solide et plus doux par elle; si on le manque, elle
seule peut en dédommager.

Aph. moral.

BON SENS

Le bon sens est la faculté la plus excellente de l'homme, et par conséquent on doit principalement la cultiver.

La Roche.

Donner à l'esprit le pas sur le bon sens, c'est préférer le luxe au nécessaire.

S. Debay.

Être bon afin d'être heureux, voilà toute la morale.

Marmontel.

BONTÉ

Soyez bon, vous plairez.

Gresset.

La bonté doit faire le fond de nos cœurs et doit être en même temps le premier attrait pour gagner les autres hommes.

Bossuet.

Il faut tâcher que la principale qualité qui éclate en nous soit la bonté, parce qu'elle ne choque point l'amour-propre des autres.

Nicole.

Il n'y a que les grands cœurs qui sachent combien il y a de gloire à être bon.

Fénelon.

CALOMNIE

La calomnie trouble le sage et elle abat la fermeté de son cœur.

Ecclés.

Ne pouvant s'élever jusqu'à l'honnête homme, le calomniateur tente, en le diffamant, de l'abaisser jusqu'à lui.

Livry.

La calomnie diffère de la médisance en ce que celle-ci publie le mal d'autrui et que l'autre l'invente.

Brueys.

Les plus honnêtes gens sont souvent ceux dont la réputation est le plus en butte aux traits de la calomnie, comme les meilleurs fruits sont ceux qui ont été becquetés par les oiseaux et rongés par les vers.

Pope.

En sortant de la retraite du calomniateur, secouez la poussière de vos pieds.

Salomon.

Craignez de donner prise aux imputations de la calomnie, quelque fausses qu'elles puissent être; la plupart des hommes, sans s'informer de la vérité, ne jugent que sur des bruits vulgaires.

Isocrate.

Le calomniateur est plus infâme que le faux témoin; car au moins celui-ci fait-il sa calomnie à visage découvert : l'un a l'audace du crime, l'autre en a la perfidie.

Livry.

CARACTÈRE

Quiconque n'a pas de caractère n'est pas un homme, c'est une chose.

Chamfort.

Diseur de bons mots, mauvais caractère.

Pascal.

L'éducation, l'usage du monde, les circonstances et la fortune ne changent pas le caractère, ils ne font que le développer et le modifier.

La Bruyère.

L'homme sans caractère est un grand enfant qui reçoit ses impressions de tout ce qui l'entoure, et qui n'a ni la force ni la volonté d'être homme.

Bonnin.

CÉLÉBRITÉ

Il est bien plus beau de se rendre célèbre par ses actions que de recevoir en naissant la célébrité de ses aïeux.

Solon.

CHARITÉ

Aimons-nous les uns les autres; car la charité vient de Dieu, et quiconque aime les autres demeure en Dieu.

Saint Jean.

Le vrai chrétien doit posséder la plus belle vertu, qui
vaut seule toutes les autres, la charité.

Chateaubriand.

La charité, c'est tout le christianisme.

Bossuet.

Toute la loi est accomplie dans une parole qui est
celle-ci : « Tu aimeras ton prochain comme toi-même. »

Saint Jean.

La charité vaut à elle seule toutes les autres vertus.

Chateaubriand.

Mon fils, ne privez pas le pauvre de son aumône et
ne détournez pas vos yeux de lui.

Ecclés.

Il y a plus de bonheur à donner qu'à recevoir.

Actes des Apôtres.

Celui-là est vraiment grand qui a une grande charité.

Imit. J.-C.

Dans le bonheur, rappelle-toi les pauvres.

Max. chinoise.

Le bonheur de soulager les infortunés est le plus
grand qu'on puisse goûter dans la vie.

Madame de Genlis.

Celui qui n'aime pas son frère demeure dans la mort.

Saint Jean.

Bienheureux celui qui sait secourir l'indigent et le
pauvre.

Salomon.

Celui qui ferme l'oreille au cri du pauvre criera lui-même et ne sera point écouté.

Salomon.

Le premier devoir est de ne pas faire de mal aux autres, le second est de leur faire du bien.

Aph.

Sois muet quand tu as donné; parle quand tu as reçu.

Prov. esp.

Les solides trésors sont ceux qu'on a donnés
D'une âme généreuse, ô volupté suprême!
Un mortel bienfaisant approche de Dieu même.

Louis Racine.

Celui qui a pitié du pauvre prête à Dieu, qui lui rendra ses bienfaits.

Isaïe.

CLÉMENCE

La clémence est une bonté envers nos ennemis.

Vauvenargues.

Si votre ennemi a faim, donnez-lui à manger; s'il a soif, donnez-lui à boire.

Salomon.

CŒUR

Les grands cœurs oublient les injures.

Prov. latin.

Quiconque ne sait point souffrir n'a point un grand
cœur.

Fénelon.

L'on n'est estimable que par le cœur et l'on n'est heureux que par lui, car notre bonheur ne dépend que de
la manière de sentir.

Pascal.

La main n'oblige point si le cœur ne l'ordonne.
Ce qui ne vient de lui n'offre rien de flatteur :
C'est donner beaucoup plus quand c'est le cœur qui donne
Que de beaucoup donner quand c'est à contre-cœur.

P. Mathieu.

COLÈRE

La colère est une fureur passagère.

Horace.

La colère commence par la folie et finit par le repentir.

Max. orient.

Dompte ta colère.

Caton.

Ne fais rien dans ta colère : mettrais-tu à la voile
dans une tempête?

Dodsley.

Que chacun soit donc prompt à écouter, lent à parler
et lent à s'irriter dans la discussion, car la colère de
l'homme n'accomplit pas la justice de Dieu.

Saint Jacques.

La réflexion sert mieux que la colère.

Prov. lat.

La colère est à la fois le plus aveugle, le plus violent et le plus vil des conseillers.

Ségur.

Celui qui dompte sa colère triomphe de son plus grand ennemi.

Prov. lat.

N'écrivez jamais dans l'émotion de la colère : un coup de langue est souvent plus dangereux qu'un coup de lance ; que sera-ce d'un coup de plume !

Max. orient.

La force ne consiste pas à renverser un ennemi, mais à dompter sa colère.

Max. orient.

On n'est pas homme tant qu'on se laisse dominer par la colère.

Max. orient.

COMMERCE

Il n'y a pas de membres plus utiles à la société que les commerçants : ils unissent les hommes par un trafic mutuel ; ils distribuent les dons de la nature ; ils occupent les pauvres et remplissent les désirs des riches.

Raynal.

Le commerce réunit les nations, entretient l'industrie et répand ses bienfaits sur tout l'univers.

Mabire.

Ce sont les gains légers qui rendent la bourse pesante, car les petits gains reviennent souvent, au lieu que les grands reviennent rarement.

Bacon.

Plus le commerce est libre, animé et étendu, plus le peuple est promptement, efficacement et abondamment pourvu; les prix sont d'autant plus uniformes, ils s'éloignent d'autant moins du prix moyen et habituel sur lequel les salaires se règlent nécessairement.

Turgot.

CONDUITE

Avec une bonne conduite on trouve toujours assez de protecteurs.

Plaute.

Apprenons des malheurs à jouir des moindres biens; de nos fautes à n'en plus commettre; de nos ennemis à réformer notre conduite, et des méchants à mieux sentir tout le prix des bons.

Lingrée.

L'âme n'a point de secret que la conduite ne révèle.

Pensée chinoise.

CONSCIENCE

Plus je vais en avant, plus je trouve qu'il n'y a rien de si doux au monde que le repos de la conscience.

Racine.

Le véritable bien se trouve dans le repos de la conscience.

Sénèque.

Fais ce que dois, advienne que pourra;
Contentement à coup sûr t'en viendra.

Max.

Fais le bien et réjouis-toi.

Aph.

Les éléments du bonheur sont une bonne conscience, de l'honnêteté dans les projets, et de la droiture dans les actions.

Nicole.

L'estime de soi-même est une des premières conditions du bonheur.

Duclos.

Quel est le souverain bien? Une conscience qui n'a rien à se reprocher.

Bias.

La conscience est le meilleur livre de morale que nous ayons : c'est celui qu'on doit consulter le plus.

Pascal.

Nul ne peut être heureux s'il ne jouit de sa propre estime.

Aph.

Les deux seuls malheurs véritables sont la perte de l'objet qu'on aime le plus et la perte du repos de sa conscience. Le ciel a chargé le temps d'adoucir l'une, et le repentir de réparer l'autre.

Ségur.

Quand nous causons avec Dieu, il n'a pas besoin d'interprète pour ce que nous lui disons, mais nous en avons besoin pour ce qu'il nous dit, et l'interprète c'est notre conscience.

Edmond Thiaudière.

Notre conscience supérieure est l'attribut spécial qui nous rattache à la Divinité.

A. L.

CONSEILS

L'expérience tient une école où les leçons coûtent cher, mais c'est la seule où les insensés puissent s'instruire; encore n'apprennent-ils pas grand'chose, parce qu'on peut donner un bon avis, mais non une bonne conduite.

Franklin.

Ressouvenez-vous que celui qui ne sait pas recevoir un bon avis ne peut pas être secouru d'une manière utile.

Franklin.

Ceux qui veulent donner des conseils doivent aussi en recevoir volontiers.

Caton.

Bien des gens épuisent leur fonds philosophique en conseils pour leurs amis, et en demeurent dépourvus pour eux-mêmes.

La Rochefoucauld.

CONSIDÉRATION

Une considération bien acquise est un bouclier sur lequel s'émoussent tous les traits de l'envie et de la fureur.

Alibert.

La considération est le revenu du mérite de toute une vie.

Madame de Lambert.

Dans le monde social, la considération se compose de l'estime, du respect et autres sentiments honorables dont un homme a su entourer sa personne.

Alibert.

CONSTANCE

A l'industrie joignez de la constance, de la résolution et des soins.

Franklin.

La constance peut avancer lentement, mais elle n'interrompt jamais l'ouvrage qu'elle a commencé, et produit de grandes choses. Apportez chaque jour une corbeille de terre, vous ferez enfin une montagne.

Confucius.

La constance vient de la stabilité du caractère, comme l'inconstance de la légèreté.

Livry.

CONVERSATION

Comme c'est le caractère des grands esprits de faire entendre en peu de paroles beaucoup de choses, les petits esprits, au contraire, ont le don de beaucoup parler et de ne rien dire.

La Rochefoucauld.

Parler sans penser, c'est tirer sans viser.

Prov. esp.

En général les gens qui savent peu parient beaucoup, et les gens qui savent beaucoup parlent peu.

Aph.

Celui qui ne sait pas se taire ne saura jamais parler.

Pittacus.

Qui parle trop ne passera pas pour sage.

Prov. ital.

Garde le silence le plus souvent, ne dis que les choses les plus nécessaires, et toujours en peu de mots. Nous parlerons rarement si nous ne parlons que lorsque le temps et les circonstances l'exigent.

Epictète.

La parole, comme la flèche, ne revient plus : regarde donc avant de la lancer si elle n'est ni aiguë ni empoisonnée.

Mabire.

Ne dites que ce qui peut servir aux autres ou à vous-même : évitez les conversations oiseuses.

Franklin.

Écoute avant de parler.

Prov. gr.

Les bons écouteurs ressemblent aux bons ménagers, ils font leur profit de tout.

Amyot.

Parle peu, écoute beaucoup et tu ne feras point de fautes.

Prov. ital.

Il faut se taire ou dire des choses qui vaillent mieux que le silence.

Prov. gr.

Il n'y a que de l'avantage pour celui qui parle peu : la présomption est qu'il a de l'esprit, et, s'il est vrai qu'il n'en manque pas, la présomption est qu'il l'a excellent.

La Bruyère.

COURAGE

Le vrai courage consiste à envisager tous les périls et à les mépriser quand ils deviennent nécessaires.

Fénelon.

La parfaite valeur est de faire sans témoin ce qu'on serait capable de faire devant tout le monde.

La Rochefoucauld.

Le courage consiste à repousser l'injure et non à la faire.

Cicéron.

Les réflexions, les connaissances, la philosophie, plus encore la voix d'une conscience pure, rendent courageux dans le malheur.

Bossuet.

Le découragement est beaucoup plus douloureux que la patience.

Max. orient.

La fortune aide les gens courageux.

Prov. lat.

Les grands revers sont la seule épreuve de la force de l'âme.

La Roche.

Le courage consiste à tenir entre la témérité et la crainte le juste milieu indiqué par la saine raison : le téméraire va au-devant des dangers et s'y jette; mais souvent la force l'abandonne quand il s'y trouve; l'homme courageux attend le péril avec calme et ne s'y expose que lorsque l'honneur ou son devoir le lui commande; mais une fois qu'il est aux prises avec le danger, rien ne l'arrête.

Arioste.

DÉFAUTS

C'est augmenter ses défauts que de les désavouer quand on vous les reproche.

La Rochefoucauld.

Le trop d'attention qu'on met à observer les défauts

d'autrui fait qu'on meurt sans avoir eu le temps de connaître les siens.

La Bruyère.

Il n'y a pas d'homme qui n'ait ses défauts : le meilleur est celui qui en a le moins.

Horace.

DÉSIRS

Plus on sème en désirs, moins on recueille en bonheur.

S. Dubay.

Nous désirerions peu de choses avec ardeur si nous connaissions parfaitement ce que nous désirons.

La Rochefoucauld.

Il est bien plus aisé d'éteindre un premier désir que de satisfaire tous ceux qui le suivent.

La Rochefoucauld.

DETTES

Quelle folie n'est-ce pas de s'endetter pour des superfluités! Pensez-vous bien à ce que vous faites quand vous vous endettez? vous donnez à un autre des droits sur votre liberté; et si vous ne payez pas au terme fixé, vous deviendrez honteux, hypocrite; peu à peu vous perdrez votre franchise et vous finirez par vous déshonorer par les mensonges les plus évidents, les plus méprisables; car le faiseur de dettes a toujours le mensonge en croupe.

Franklin.

Qui paye ses dettes s'enrichit.

Prov. esp.

Les créanciers sont la secte la plus superstitieuse : il n'y a pas d'observateurs plus exacts qu'eux de toutes les époques du calendrier.

Franklin.

L'emprunteur et le débiteur sont deux esclaves, l'un du prêteur, l'autre du créancier : ayez horreur de cette chaîne.

Franklin.

DEVOIRS

En sacrifiant tout à son devoir, on est sûr d'arriver au bonheur.

Florian.

Celui qui ne pense à ses devoirs que lorsqu'on l'en avertit n'est digne d'aucune estime.

Plaute.

Celui qui accomplit ses devoirs, quelques sacrifices qu'ils paraissent exiger, trouve en lui-même sa récompense.

Benj. Delessert.

L'homme doit bannir toute inquiétude de l'avenir dès qu'il s'est acquitté de ses devoirs.

Wolff.

L'homme de bien fait son devoir sans regarder autour de lui : Dieu et son âme sont les témoins dont il va mériter l'aveu.

Marmontel.

L'existence est la chose du monde la plus frivole, si on ne la conçoit comme un grand et continuel devoir.

Ernest Renan.

DIEU

Dieu est esprit et ceux qui l'adorent le doivent adorer en esprit et en vérité.

Jésus-Christ.

Que la pensée de Dieu occupe toujours votre esprit.

Saint Paul.

C'est à Dieu qu'il faut avoir recours dans les afflictions : il n'y a point de si grandes amertumes qui ne s'adoucissent par une parfaite résignation.

Saint-Évremont.

Aimez Dieu de tout votre cœur, et votre prochain comme vous-même; c'est le texte de la loi et des prophètes.

Evangile.

Où règne l'amour de Dieu il n'y a point de place pour la haine du prochain.

Morale.

Celui qui nie l'existence de Dieu est comme celui qui dirait n'avoir pas eu de père.

Destailleurs.

Honore Dieu.

Caton.

La meilleure manière d'honorer Dieu, c'est de lui offrir une âme pure.

Socrate.

Vous aimerez Dieu de tout votre cœur et votre prochain comme vous-même.

Jésus-Christ.

Nous avons tous un lieu de refuge contre les chagrins de la vie : ce refuge c'est la pensée de Dieu ; mais, pour en trouver le chemin dans les grandes occasions, il faut, dès la jeunesse, contracter l'habitude d'y recourir.

A. Dufresne.

Homme, ton Dieu n'est point un tyran inflexible
Qui toujours veut punir et jamais pardonner :
Un père ne voit plus de faute irrémissible
Quand son fils à ses pieds vient pour se prosterner.

P. Mathieu.

DISCRÉTION

Mon secret est mon esclave : s'il m'échappait, il deviendrait mon maître.

Max. orient.

Les lois du secret et du dépôt sont les mêmes.

Chamfort.

DISCUSSION

Discutons souvent, ne disputons jamais.

DISSIMULATION

La dissimulation est une imposture réfléchie.

Vauvenargues.

La dissimulation est un certain art de composer ses paroles et ses actions pour une mauvaise fin.

Théophraste.

Fuis pour un moment l'homme colère et pour toujours l'homme dissimulé.

Confucius.

DOCILITÉ

C'est être sage que de savoir être docile quand il faut, et de faire de bonne heure ce qu'on serait obligé de faire par la suite.

Térence.

DOUCEUR

La réponse douce apaise la colère; la parole fâcheuse augmente la fureur.

Salomon.

Qui commande avec trop d'empire à ceux qui sont au-dessous de lui trouve souvent un maître qui lui commande de même.

Max. orient.

DOUTE

Qui ne doute de rien ne sait rien.

Prov. esp.

Dans le doute abstiens-toi.

Pythagore.

DROIT

Non, la fin ne justifie pas les moyens; rien n'a droit que le droit. Le droit seul peut employer légitimement les moyens de la force, seul appliquer les sévérités de la justice.

Michelet.

DURETÉ

L'insensibilité à la vue des misères peut s'appeler dureté; s'il y entre du plaisir, c'est cruauté.

Vauvenargues.

Ne soyez pas trop rigoureux dans le châtiment : il est rude, quelque léger qu'il soit. Ne vous en servez pas non plus trop fréquemment : vous pouvez arriver à votre but par d'autres voies que par celle-là.

Max. orient.

ÉCONOMIE

Ouvrir une des portes de la caisse d'épargne, c'est fermer une des portes des *Enfants trouvés*.

Cormenin.

La caisse d'épargne est la mère de l'économie, le trésor des artisans, la salle d'asile du pauvre, le remède de la mendicité, le reproducteur des capitaux et le levier du crédit national. Elle est la providence des classes manufacturières : c'est leur maison de refuge, l'asile de leur vieillesse.

Cormenin.

Un sou épargné est un sou gagné.

Franklin.

Épargnez pour le temps de la vieillesse et du besoin pendant que vous le pourrez : le soleil du matin ne dure pas tout le jour.

Franklin.

Qui veut voyager loin ménage sa monture.

Racine.

L'économie est fille de l'ordre et de l'assiduité.

Lévis.

Bonne épargne dans la jeunesse
Se retrouve dans la vieillesse.

Prov. fr.

On paye cher le soir les folies du matin.

Prov. fr.

Un livret de caisse d'épargne est un certificat de bonne conduite : c'est un passeport délivré au travail et à l'économie.

Peigne.

ÉDUCATION

Une excellente éducation pourrait, dans les grands empires, multiplier infiniment les talents et les vertus.

Helvétius.

Le bonheur des peuples et la tranquillité des États dépendent de la bonne éducation de la jeunesse.

Mabire.

Formez l'enfant à l'entrée de sa voie, car il ne s'en éloignera point, même dans sa vieillesse.

Salomon.

ÉGOÏSME

L'égoïste est un être affreux : celui qui, au milieu de ses semblables, ne vit que pour lui, qui prend tout chez les autres et ne rend rien à personne, est un monstre social.

Livry.

Il faut appeler méchant celui qui n'est bon que pour lui.

Syrus.

L'égoïste brûlerait votre maison pour se faire cuire un œuf.

Chamfort.

L'égoïste ne peut être vertueux, puisque la bienfaisance et l'égoïsme sont inconciliables.

Livry.

ÉLOQUENCE

Le but de l'éloquence doit être d'armer la vertu contre le vice, la vérité contre le mensonge, et la raison contre les opinions fausses.

Amelot.

La véritable éloquence consiste à dire tout ce qu'il faut et à le dire comme il faut.

La Rochefoucauld.

EMPLOI DU TEMPS

Combien de temps ne donnons-nous pas au sommeil au delà de ce que nous devrions lui donner! Nous oublions que le renard qui dort ne prend point de poules.

Franklin.

Tel bien souvent se plaint de cette courte vie,
Qui du jour qui s'enfuit ne remplit point le cours.
A qui sait l'employer le temps suffit toujours;
L'homme est vieux dès qu'en bien sa carrière est fournie.

Pibrac.

Si le temps est le plus précieux des biens, la perte du temps doit être la plus grande'des prodigalités, puisque le temps perdu ne se retrouve jamais, et que ce que nous appelons *assez de temps* se trouve toujours trop court.

Franklin.

Employez bien votre temps, si vous voulez mériter le repos, et ne perdez pas une heure, puisque vous n'êtes pas sûr d'une minute.

Franklin.

ÉMULATION

L'émulation est un sentiment volontaire, courageux, sincère qui rend l'âme féconde.

La Bruyère.

ENFANTS

Le plus grand avantage qu'on puisse procurer à ses enfants, c'est de les bien élever.

Max. orient.

Fais instruire tes enfants.

Caton.

Il faut rendre ses enfants heureux, pour qu'ils se souviennent avec bonheur de leur enfance; il faut les rendre bons, pour qu'ils soient heureux dans cette vie et dans l'autre.

A. Dufresne.

Que la vie des enfants soit frugale, leurs vêtements simples.

Sénèque.

Qui abandonne les siens est abandonné de Dieu.

Max. esp.

Punis avec sévérité ton enfant coupable du meurtre d'un insecte; c'est par là que commence l'homicide.

Pythagore.

Honneur et vertu, voilà la plus sérieuse dot d'une fille.

Térence.

De bonnes mœurs sont une belle dot.

Plaute.

Un enfant blesse de sang-froid un chien à coups de pierres; suivez-le dans le développement de ses facultés :

il est à craindre que quelque jour il n'assassine un homme sans être ému de son crime.

Labouisse.

L'enfant qu'on abandonne à ses fantaisies est un désordre social.

Labouisse.

Punir rarement et toujours à propos, récompenser quelquefois et caresser souvent, c'est un moyen sûr pour les pères de se faire aimer et respecter.

Labouisse.

ENNEMIS

La marque d'une grande âme est d'avoir pitié de son ennemi lorsqu'il est malheureux.

Max. orient.

Les ennemis ont leur utilité : ils vous montrent vos fautes et ils vous disent des vérités.

Plutarque.

Nos véritables ennemis sont avec nous : déracinons de nos cœurs l'ambition, l'avarice et la jalousie, nous rétablirons l'ordre et l'harmonie qui doivent régner dans la société : tous les hommes seront amis.

Fénelon.

Mais moi je vous dis : Aimez vos ennemis, bénissez ceux qui vous maudissent, faites du bien à ceux qui vous haïssent, et priez pour ceux qui vous outragent et vous persécutent.

Saint Mathieu.

Si vous avez des ennemis, ne vous en affectez pas; si vous savez vous en servir, ils vous feront plus de bien que de mal. Comme ils nous indiquent nos défauts, ils nous mettent sur nos gardes et nous obligent de vivre d'une manière plus régulière.

Franklin.

ENNUIS

L'ennui est entré dans le monde par la paresse.

La Bruyère.

L'ennui qui ne manque jamais d'accompagner l'oisiveté est un avertissement naturel de la nécessité du travail.

Mabire.

L'ennui est une maladie dont le travail est le remède : le plaisir n'est qu'un palliatif.

Lévis.

ENVIE

Pour se dérober à l'envie il faut ne point frapper les regards, ne point faire parade de ses biens et savoir être heureux intérieurement.

Mabire.

Point de repos pour l'envieux.

F. Denis.

Ceux qui font bien mériteraient seuls d'être enviés, s'il n'y avait encore un parti à prendre, qui est de faire mieux : c'est une douce vengeance contre ceux qui nous donnent cette jalousie.

La Bruyère.

Celui qui dit qu'il n'est pas né heureux pourrait du moins le devenir par le bonheur de ses amis ou de ses proches : l'envie lui ôte cette dernière ressource.

La Bruyère.

ERREURS

Constater une erreur, c'est découvrir une vérité.

Bonnin.

Une des erreurs les plus communes est de prendre la suite d'un événement pour sa conséquence.

Lévis.

Combattez avec courage, mais sans dédain, les erreurs funestes au bonheur des autres.

Saint-Lambert.

ESPÉRANCE

L'espérance est un emprunt fait au bonheur.

Rivarol.

On n'est pas encore au comble du malheur tant qu'il reste quelque lueur d'espérance : c'est par la perte totale de celle-ci que l'autre arrive à sa dernière période.

Oxenstiern.

L'espérance est le seul bien qui reste à ceux qui n'en ont plus.

La Roche.

ESPRIT

Il est encore plus facile de juger de l'esprit d'un homme par ses questions que par ses réponses.

Lévis.

L'esprit est très utile quand il est le véhicule du jugement, très dangereux quand il prend sa place.

Mabire.

Un honnête homme a plus d'esprit qu'il ne lui en faut : un fripon n'a pas assez de tout le sien.

Prov. ital.

On n'est pas un homme d'esprit pour avoir beaucoup d'idées, comme on n'est pas un bon général pour avoir beaucoup de soldats.

Chamfort.

A mesure qu'on a plus d'esprit, on trouve qu'il y a plus d'hommes originaux. Les gens du commun ne trouvent pas de différence entre les hommes.

Pascal.

ÉTUDE

Étudiez, non pour savoir plus, mais pour savoir mieux que les autres.

Sénèque.

Dès votre premier âge aimez à vous instruire, et vous acquerrez une sagesse qui vous durera jusqu'à la vieillesse.

Ecclés.

Il faut chercher soigneusement à s'instruire pour n'être ni trop timide ni trop hardi par ignorance.

La Rochefoucauld.

Les connaissances rendent les hommes doux.

Montesquieu.

Il ne faut pas avoir honte de demander ce qu'on ne sait pas.

Max. orient.

L'acier n'a l'avantage sur le fer que par le travail qui lui a fait acquérir plus de perfection.

Epictète.

L'étude doit être ce qu'elle est pour l'homme sage et sensé, un moyen de devenir meilleur.

Bonnin.

L'instruction est l'ornement du riche et la richesse du pauvre.

Mabire.

Apprenez comme si vous ne saviez rien, et craignez surtout d'oublier ce que vous avez appris.

Confucius.

EXEMPLE

Le bon exemple excite, encourage, soutient; le mauvais exemple corrompt, entraîne, précipite.

Mabire.

Le mauvais exemple est une contagion qui fait bien du ravage en peu de temps.

Destouches.

L'exemple est le plus éloquent de tous les sermons.

Stobée.

Un bon livre, un bon discours, peuvent faire du bien; mais un bon exemple parle bien plus éloquemment au cœur.

Préc. chin.

EXPÉRIENCE

Qui ne sait faire usage de sa propre expérience ne paraît guère porté à profiter des leçons des autres.

Brueys.

Le lendemain doit profiter des leçons de la veille.

Prov. lat.

Il est sage d'interroger nos heures passées, leur réponse forme ce que l'on nomme l'expérience.

Young.

FAIBLESSE

Les gens faibles sont les troupes légères de l'armée des méchants; ils font plus de mal que l'armée même : ils infestent et ils ravagent.

Chamfort.

Il n'y a que les gens de bien qui connaissent leurs faiblesses, parce qu'il n'y a qu'eux qui s'efforcent de les surmonter.

La Roche.

FAMILLE

Honore ton père et ta mère.

Commandement de Dieu.

La base de toutes les vertus c'est l'amour filial.

Cicéron.

Honorez votre père et votre mère par actions, par paroles et par une patience sans bornes, afin qu'ils vous bénissent et que leur bénédiction demeure en vous.

Salomon.

Les torts du père ne justifient jamais l'ingratitude du fils.

Bernardin de Saint-Pierre.

FAUTES

Ne te contente pas de reprendre ceux qui ont fait des fautes, retiens ceux qui vont en faire.

Périandre.

Il n'y a pour l'homme qu'un vrai malheur, qui est de se trouver en faute et d'avoir quelque chose à se reprocher.

La Bruyère.

Ne vous contentez pas de vous abstenir des fautes : évitez même tout ce qui pourrait en faire naître le soupçon.

Isocrate.

Ne dites jamais : Cette faute est légère, je puis me la

permettre sans danger. Ne dites jamais : Cet acte de vertu est peu considérable, il m'est bien permis de l'omettre.

Sénèque.

FAVEUR

Tout est grand dans le temple de la faveur, excepté les portes, qui sont si basses qu'il faut y entrer en rampant.

Lévis.

FEMMES

La première, la plus importante et la plus agréable qualité d'une femme est la douceur.

Aph.

Une belle femme plaît aux yeux, une bonne femme plaît au cœur; l'une est un bijou, l'autre est un trésor.

Napoléon.

Le mérite d'une femme a besoin d'être éclairé par un rayon de bonté.

Madame d'Épinay.

La beauté chez les femmes doit 'plus à leurs qualités morales que ces qualités ne doivent à leur beauté.

Massias.

Pour les femmes la douceur est le meilleur moyen d'avoir raison.

A. Dufresne.

La beauté d'une femme plaît beaucoup, mais elle

passe; un bon caractère en elle plaît moins, mais il reste.

Aph.

La femme estimable est la femme laborieuse, occupée des soins domestiques, et dont on ne parle pas; et non ces femmes qui ignorent ou dédaignent ce qu'il leur faut savoir ou qui ne savent faire œuvre de leurs doigts.

Bonnin.

La femme qui échange la modestie contre l'assurance perd la moitié de ses charmes.

Madame de Graffigny.

La beauté est une fleur dont la bonté est le parfum.

Mabire.

La plus utile et la plus honorable science est l'occupation d'une mère de famille : c'est la science du ménage.

Montaigne.

Les vertus d'éclat ne sont point le partage des femmes, mais bien les vertus simples et paisibles.

Madame de Lambert.

La femme n'a pas toutes les aptitudes ni les qualités de l'homme, mais elle a d'autres aptitudes et des capacités équivalentes; elle a surtout le privilège incomparable de la maternité.

A. L..

Il faut, dans une femme, que la vertu habite dans son cœur, que la modestie brille sur son front, que la doucœur découle de ses lèvres, et que le travail occupe ses mains.

Mabire.

A un homme d'esprit il ne faut qu'une femme de sens : c'est trop de deux esprits dans une maison.

Bonald.

FIERTÉ

La fierté est le sentiment de ce qu'on est sans mépris des autres.

Meilhan.

La fierté du cœur est l'attribut des honnêtes gens; la fierté des manières est celle des sots.

Duclos.

FINESSE

La finesse n'a guère plus de peine à tromper l'esprit qu'à duper la bêtise.

Lévis.

La finesse est l'occasion prochaine de la fourberie : de l'une à l'autre le pas est glissant; le mensonge seul en fait la différence : si on l'ajoute à la finesse, c'est fourberie.

La Bruyère.

On peut être plus fin qu'un autre, mais non pas plus fin que tous les autres.

La Bruyère.

Le vrai moyen d'être trompé, c'est de se croire plus fin que les autres.

La Rochefoucauld.

FLATTERIE

La flatterie est une fausse monnaie qui n'a cours que
par notre vanité.

La Rochefoucauld.

FORTUNE

Celui qui veut faire fortune doit commencer par s'instruire et discipliner son âme.

Bacon.

L'ardeur et la patience sont nécessaires pour avancer
dans le chemin de la fortune.

Meilhan.

Aux premières caresses de la fortune, gardez-vous de
tourner le dos à vos anciens amis.

Max. chin.

Il faut de plus grandes vertus pour soutenir la bonne
fortune que la mauvaise.

La Rochefoucauld.

FRANCHISE

La franchise est compagne des grands caractères; elle
est la marque distinctive de l'homme de bien et le cachet
de l'élévation des sentiments.

Bonnin.

La franchise ne consiste pas à dire tout ce qu'on
pense, mais *à penser tout ce qu'on dit.*

Livry.

Droiture et franchise terminent promptement les **affaires** les plus épineuses.

Labouisse.

FRIPONS

Si les fripons pouvaient connaître tous les avantages attachés à la pratique du bien, ils se feraient honnêtes gens par spéculation.

Franklin.

GLOIRE

La vaine gloire a des fleurs et n'a point de fruits.

Prov. esp.

La gloire des grands hommes se doit toujours mesurer aux moyens dont ils se sont servis pour l'acquérir.

La Rochefoucauld.

La gloire d'une patrie ne peut être aujourd'hui la sauvage gloire qui a bouleversé comme un mauvais démon l'histoire de Rome, des barbares et de tant de fières monarchies.

La gloire de la patrie ne peut être aujourd'hui que de donner à tous ses fils la sécurité, l'activité, le libre et joyeux essor, bref, cette éducation qui est le trésor et la dignité de l'homme.

Herder.

GOUT

Le goût est un discernement prompt, vif et délicat qui naît de la sagacité et de la sagesse de l'esprit.

Duclos.

Il y a dans l'art un point de perfection comme de bonté ou de maturité dans la nature : celui qui le sent et qui l'aime a le goût parfait; celui qui ne le sent pas et qui aime en deçà et au delà a le goût défectueux. Il y a donc un bon et mauvais goût, et l'on dispute des goûts avec fondement.

La Bruyère.

GOUVERNEMENT

Entre les peuples qui possèdent une presse libre, des Parlements indépendants, enfin les institutions publiques d'un gouvernement constitutionnel, les mésintelligences, tramées par les intrigues des courtisans et des fauteurs de l'esprit de parti ne peuvent résister à la longue.

Henri Heine.

GUERRE

Une guerre injuste n'en est pas moins injuste pour être heureuse. Les traités de paix signés par les vaincus ne sont point signés librement. On signe le couteau sous la gorge; on signe malgré soi, pour éviter de plus grandes pertes; on signe comme on donne sa bourse, quand il la faut donner ou mourir.

Fénelon.

Et ce n'est qu'après avoir multiplié les malheurs de la guerre jusqu'à l'épuisement, aggravant ainsi les difficultés réelles ou feintes, accidentelles ou voulues, qui séparaient les dirigeants, que l'on recherche enfin quel est le moyen de les aplanir; on y parvient toujours,

mais en laissant encore aux peuples accablés et aux
générations futures à payer les lauriers des vainqueurs
et la rançon des vaincus de la force brutale.

A. L.

Je crois invinciblement que la science et la paix triom-
pheront de l'ignorance et de la guerre, que les peuples
s'entendront, non pour détruire, mais pour édifier, et
que l'avenir appartiendra à ceux qui auront le plus fait
pour l'humanité souffrante.

Pasteur.

HABITUDES

On triomphe des mauvaises habitudes plus aisément
aujourd'hui que *demain*.

Confucius.

Deux choses toutes contraires nous préviennent éga-
lement, l'*habitude* et la *nouveauté*.

La Bruyère.

Les habitudes deviennent par le temps, dans l'homme,
de véritables incrustations.

Mabire.

HAINE

La plus irréconciliable de toutes les haines, c'est la
haine de l'envieux : cet ulcère est incurable.

Max. orient.

La haine est un sentiment atroce qu'une âme basse
peut seule éprouver.

Livry.

L'homme sage ne peut haïr un ennemi, parce qu'il
trouverait dans cette haine un ennemi plus à craindre
encore.

Mabire.

HOMMES

Les hommes sont nés les uns pour les autres; il faut
donc les instruire ou les supporter.

La Rochefoucauld.

L'homme s'ennuie du bien, cherche le mieux, trouve
le mal, et s'y soumet crainte du pire.

Lévis.

Les hommes sont faits comme les oiseaux, qui se laissent prendre dans les filets où l'on a déjà pris cent mille
oiseaux de leur espèce. Il n'y a personne qui n'entre
tout neuf dans la vie, et les sottises des pères sont per-
dues pour leurs enfants.

Fontenelle.

De tous les animaux qui végètent sur terre
L'homme est le plus chétif, puisque dans son erreur
Il travaille sans cesse à nuire à son bonheur,
Et se fait à lui-même une éternelle guerre.

P. Mathieu.

La plupart des hommes emploient la première partie
de leur vie à rendre l'autre misérable.

La Bruyère.

L'homme passe sa vie à raisonner sur le passé, à se plaindre du présent, à trembler pour l'avenir.

Rivarol.

HONNÊTETÉ

Vois les gens honnêtes, et tu seras honnête toi-même.

Prov. angl.

HONTE

Quelque honte que nous ayons méritée, il est presque toujours en notre pouvoir de rétablir notre réputation.

La Rochefoucauld.

HYPOCRISIE

L'hypocrisie est un hommage que le vice rend à la vertu.

La Rochefoucauld.

Il y a dans l'hypocrisie autant de folie que de vice : il est aussi facile d'être honnête homme que de le paraître.

Madame de Staël.

Celui qui dit incessamment qu'il a de l'honneur et de la probité, qu'il ne nuit à personne, qu'il consent que tout le mal qu'il fait aux autres lui arrive, et qui jure pour le faire croire, ne sait pas même contrefaire l'homme de bien.

La Bruyère.

IDÉAL

Heureux celui qui porte en soi un dieu, un idéal de beauté et qui lui obéit : idéal de l'art, idéal de la science, idéal de la patrie, idéal des vertus de l'Évangile ! Ce sont là les sources vives des grandes pensées et des grandes actions. Toutes s'éclairent des reflets de l'infini.

Pasteur.

IDÉES

Les idées sont des fonds qui ne portent intérêt qu'entre les mains du talent.

Rivarol.

La netteté épargne les longueurs et sert de preuve aux idées.

Vauvenargues.

IGNORANCE

Il y a trois sortes d'ignorance : ne rien savoir, savoir mal ce qu'on sait, et savoir autre chose que ce qu'on doit savoir.

Duclos.

L'ignorance est un état d'enfance perpétuelle : l'homme instruit peut bien n'être pas heureux, mais il sait plus que l'ignorant ce qu'il doit faire pour sortir du malheur.

F. Denis.

Un bien, c'est la science; un mal, c'est l'ignorance.
Celui qui connait le bien et qui fait le mal est un
insensé; l'homme sage ne croira pas savoir ce qu'il
ignore : il concevra d'abord qu'il ne sait rien, et il cher-
chera à s'instruire.

Socrate.

L'ignorance peut être appelée la nuit de l'esprit, et
cette nuit n'a ni lunes ni étoiles.

Max. orient.

Un savant connaît un ignorant parce qu'il a été ignorant; mais un ignorant ne peut pas juger un savant
parce qu'il n'a jamais été savant.

Max. orient.

IMPORTUNITÉ

C'est le rôle d'un sot d'être importun : un homme
habile sent s'il convient ou s'il ennuie; il sait dispa-
raître au moment qui précède celui où il serait de trop
quelque part.

La Bruyère.

INDÉPENDANCE

La véritable indépendance repose dans ces trois mots
français que j'ai toujours admirés : *Vivre de peu.* Vivre
de peu ne se rapporte pas seulement aux vêtements, à
la nourriture, mais à bien d'autres choses.

W. Cobbett.

INDULGENCE

Sois indulgent avec tes inférieurs.

Caton.

Heureux ceux qui sont miséricordieux, parce qu'ils obtiendront miséricorde.

Saint Mathieu.

Chacun a son fardeau, chacun a ses défauts : nul ne se suffit à soi-même et n'est assez sage pour soi-même; mais nous devons nous supporter, nous consoler, nous aider, nous instruire et nous avertir mutuellement.

Imit. J.-C.

Pardonne souvent à autrui, ne te fais jamais grâce à toi-même.

Prov. lat.

Ne nous laissons guider que par la Vérité et la Justice, nous souvenant de notre ignorance native et de nos fautes, pour nous rendre indulgents envers nos semblables.

A. L.

INDUSTRIE

Quiconque est industrieux n'a pas à craindre la disette.

Franklin.

L'oisiveté rend tout difficile; l'industrie rend tout aisé : celui qui se lève trop tard s'agite tout le jour et commence à peine ses affaires qu'il est déjà nuit.

Franklin.

L'industrie paye ses dettes; le désespoir les augmente.

Franklin.

Avec de l'industrie, il n'est pas nécessaire que vous trouviez des trésors, ni que de riches parents vous fassent leur légataire.

Franklin.

L'industrie n'a pas besoin de souhaits. Celui qui vit sur l'espérance court risque de mourir de faim : il n'y a point de profit sans peine.

Franklin.

INGRATITUDE

L'ingratitude ne décourage pas la bienfaisance, mais elle sert de prétexte à l'égoïsme.

Lévis.

On trouve encore du bonheur à faire des ingrats, mais il n'y a que du malheur à l'être.

Ségur.

Le cœur de l'ingrat est semblable à un désert qui boit avidement la pluie tombée du ciel, l'engloutit et ne produit rien.

Max. orient.

On a dit tout le mal qu'on peut dire d'un homme quand on l'a appelé ingrat.

Prov. lat.

Il n'est point d'ingrat qui ne meure enfin misérable.

La Fontaine.

Les peuples les plus sages de l'antiquité, les Perses,

les Lacédémoniens, les Athéniens, recevaient en justice l'action contre les ingrats.

La Bruyère.

INJURES

Une injure qu'on méprise tombe d'elle-même; si on s'en fâche, on la fait valoir.

Tacite.

Une grande âme est au-dessus de l'injure, de l'injustice et de la douleur.

La Bruyère.

Il est d'une grande âme de repousser les injures par des bienfaits.

Confucius.

Écrivez les injures sur le sable et les bienfaits sur le marbre.

Max. orient.

Les injures sont vaincues par les bienfaits bien plutôt qu'elles ne seraient soulagées par la haine.

Traité de morale religieuse.

INJUSTICE

Une injustice faite à un seul est une menace faite à tous.

Montesquieu.

Tu supportes des injustices, console-toi, le vrai malheur est d'en faire.

Pythagore.

Il y a deux choses auxquelles il faut se faire sous
peine de trouver la vie insupportable : ce sont les injures
du temps et les injustices des hommes.

Chamfort.

Qui sème l'injustice récoltera la haine et la vengeance.

Franklin.

INSTRUCTION

L'instruction est la nourriture de l'esprit.

Sénèque.

INTÉRÊT

L'intérêt parle toutes sortes de langues et joue toutes
sortes de personnages, même celui de désintéressé.

La Rochefoucauld.

IVROGNERIE

Point d'excès à table : l'intempérance et l'ivresse rui-
nent le tempérament, dégradent l'âme, obscurcissent
l'intelligence.

L'emp. Julien.

L'intempérance donne de courtes joies et de longs
déplaisirs.

Aph.

Je n'ai vu personne mourir de faim, mais j'en ai vu
cent mille périr d'intempérance.

Prov. esp.

N'excitez point à boire celui qui aime le vin, car le vin en a perdu plusieurs.

Ecclés.

L'ouvrier sujet au vin ne deviendra jamais riche, et celui qui néglige les petites choses tombe peu à peu.

Ecclés.

L'intempérance a tué plus d'hommes que la faim.

Prov. grec.

Les effets de l'ivresse sont souvent funestes : il n'est pas de poison qui tue plus certainement que les liqueurs fortes.

Buchanan.

Si tu veux un remède contre l'ivrognerie, ouvre les yeux et regarde l'ivrogne.

F. Denis; Max. chin.

JALOUSIE

La jalousie est le plus grand des maux et celui qui fait le moins de pitié aux personnes qui la causent.

La Rochefoucauld.

JUGE

On ne peut être juste si on n'est humain.

Vauvenargues.

JUGEMENT

On est quelquefois un sot avec de l'esprit, on ne l'est jamais avec du jugement.

La Rochefoucauld.

Le jugement est la faculté qui nous fait discerner en toutes choses le bon et le mauvais, le bien et le mal.

Livry.

D'où vient qu'un boiteux ne nous irrite pas et qu'un esprit boiteux nous irrite? C'est à cause qu'un boiteux reconnait que nous allons droit, et qu'un esprit boiteux dit que c'est nous qui boitons; sans cela nous en aurions plus de pitié que de colère.

Pascal.

JUSTICE

La justice est le bien sacré de la société humaine.

Bossuet.

Le juste est l'image de Dieu sur la terre.

Napoléon.

Vous ne ferez rien contre l'équité et vous ne jugerez pas injustement; dans votre jugement vous n'aurez point égard à la personne du pauvre, et vous ne respecterez pas le visage de l'homme puissant.

Lévitique.

Peu avec la justice vaut mieux que de grands biens avec l'iniquité.

Salomon.

Ne force pas un autre à souffrir ce que tu ne pourrais souffrir toi-même.

Prov. latin.

Respectez les biens d'autrui si vous voulez posséder tranquillement les vôtres.

Isocrate.

Juge avec équité.

Caton.

Une âme noble rend justice même à ceux qui la lui refusent.

Condorcet.

N'opposez au fourbe que la droiture, vous verrez ses artifices retomber sur lui-même.

Max. orient.

Tu veux qu'on te rende justice : sois juste.

La justice procure plus de biens que les grandes armées, et défend plus sûrement que les citadelles les mieux fortifiées.

Max. orient.

Il ne faut pas être si prompt à condamner la conduite des autres, et ceux qui veulent gloser doivent bien regarder chez eux s'il n'y a rien qui cloche.

Molière.

La vérité est tellement liée à la justice, qu'on ne saurait porter atteinte à l'une sans préjudicier à l'autre.

Livry.

LECTURE

Il faut lire pour s'instruire, pour se corriger et pour se consoler.

Christine.

Aimer à lire c'est faire un échange des heures d'ennui que l'on doit avoir en sa vie contre des heures délicieuses.

Montesquieu.

Il vaut mieux lire deux fois un bon ouvrage qu'une fois un mauvais.

J.-B. Say.

Celui qui lit beaucoup et jamais ne médite
Est semblable à celui qui mange avidement;
Son débile estomac se charge tellement,
Que le meilleur repas jamais ne lui profite.

Pibrac.

L'ennui qui dévore les hommes au milieu même des délices est inconnu à ceux qui savent s'occuper par la lecture.

Fénelon.

Les livres sont à l'âme ce que la nourriture est au corps.

Saint-Évremont.

Applique-toi à la lecture, à l'exhortation, à l'instruction.

Saint Paul.

Le meilleur compagnon, pour passer le temps, est un bon livre.

F. Denis.

Un bon livre est un ami complaisant que l'on quitte quand on veut.

Christine.

Quand une lecture vous élève l'esprit et qu'elle vous inspire des sentiments nobles et courageux, ne cherchez pas une autre règle pour juger de l'ouvrage; il est bon et fait de main d'ouvrier.

La Bruyère.

En lisant pour la première fois un bon livre on doit

éprouver le même plaisir que si on faisait un nouvel ami; relire un livre qu'on a lu, c'est un ancien ami qu'on revoit.

Aph.

Heureux celui qui sait ajouter de bons livres au petit nombre de ses amis, qui souvent s'éloigne du monde pour jouir de leur paisible entretien, et toujours en rapporte plus de sérénité, de courage et d'espérance.

Droz.

Un bon livre est un bon ami. Il ne révèle pas vos secrets, et il vous enseigne la sagesse.

Max. orient.

LIBÉRALITÉ

La libéralité consiste moins à donner beaucoup qu'à donner à propos.

La Bruyère.

Il y a du plaisir à rencontrer les yeux de celui à qui on vient de donner.

La Bruyère.

LIBRE ARBITRE

Le libre arbitre relatif de l'homme est l'anneau mystique qui relie son âme, tantôt à la nature, tantôt à Dieu, selon l'usage que l'homme en fait.

A. L.

LOIS

Rien ne doit être si sacré aux hommes que les lois destinées à les rendre bons, sages et heureux.

Fénelon.

Les hommes naissent nus et vivent habillés, comme ils naissent indépendants et vivent sous des lois. Les habits gênent un peu les mouvements du corps, mais ils le protègent contre les accidents du dehors : les lois gênent les passions, mais elles défendent l'honneur, la vie et les fortunes.

Rivarol.

Les lois sont justes, non quand elles sont observées par tous, mais quand elles sont faites pour tous.

Sénèque.

LOISIR

Le loisir est un temps qu'on peut employer à quelque chose de mieux.

Franklin.

Il n'y a que l'homme vigilant qui puisse se procurer cette espèce de loisir auquel le paresseux ne parvient jamais.

Franklin.

La vie tranquille et la vie oisive sont deux choses fort différentes.

Franklin.

Croyez-vous que la paresse me procurera plus d'agrément que le travail ? vous avez tort : la paresse engendre les soucis, et le loisir sans nécessité produit des suites fâcheuses.

Franklin.

LOUANGE

Sans la liberté de blâmer il n'est point d'éloge flatteur.

Beaumarchais.

Les louanges refusées savent bien revenir avec plus de force, et il est peut-être aussi modeste de leur laisser leur cours naturel en ne les prenant que pour ce qu'elles valent.

Fontenelle.

Le reproche fait mal à propos n'est pas moins nuisible que la louange non méritée : il jette celui qui le reçoit dans les bras du flatteur.

Plutarque.

MALHEUR

Le malheur est sacré.

Sénèque.

Tout reproche est cruel, adressé à un malheureux.

Prov. lat.

Il n'est d'affreux que le commencement du malheur : au comble de l'adversité on trouve, en s'éloignant de la terre, des régions tranquilles et sereines.

Chateaubriand.

Le malheur, loin de dégrader l'homme, l'élève s'il n'est pas un lâche!

Silvio Pellico.

Le rire est une insulte au malheur.

Prov. lat.

MÉCHANT

Il n'y a point de paix pour les méchants.

Isaïe.

Le méchant est comme le charbon; s'il ne vous brûle, il vous noircit.

Prov. ital.

Ne hante pas les méchants de peur d'en accroître le nombre.

Prov. esp.

Le méchant fuit sans être poursuivi de personne : mais le juste est hardi comme un lion et ne craint rien.

Salomon.

Chaque mauvais homme aura son mauvais jour.

Prov. esp.

Ne fréquentez pas les méchants, parce que, quand vous ne perdriez pas vos mœurs, vous perdriez bien sûrement votre réputation.

Max. orient.

Dans les méchants haïssez le crime; mais, s'ils reviennent à la vertu, recevez-les dans votre sein comme s'ils n'avaient jamais fait de fautes.

Max. orient.

Tout est perdu quand les méchants servent d'exemple et les bons de risée.

Pythagore.

MÉDISANCE

Le médisant et l'homme à la langue double seront maudits parce qu'ils jettent le trouble parmi plusieurs qui vivaient en paix.

Ecclés.

Une mauvaise langue est plus aiguë que la pointe d'une épée.

Prov. grec.

La médisance est lâche : elle s'escrime toujours contre un absent.

A. Dufresne.

Il vaut mieux mal entendre que mal dire.

Prov. grec.

Que celui qui aime la vie et qui veut voir des jours heureux ne laisse point aller sa langue à la médisance, et que ses lèvres ne prononcent pas des paroles trompeuses.

Saint Pierre.

La bouche qui dit du mal décèle un mauvais cœur.

Prov. lat.

Crains de médire.

Caton.

Il vaut mieux se taire que parler mal.

Prov. esp.

Quand on prend plaisir à entendre médire, on est du nombre des médisants.

Max. orient.

La médisance est une petitesse dans l'esprit ou une noirceur dans le cœur : elle doit toujours naissance à la jalousie, à l'envie, à l'avarice ou à quelque autre passion; elle est la preuve de l'ignorance et de la malice. Médire sans dessein, c'est bêtise; médire avec réflexion, c'est noirceur. Que le médisant choisisse, qu'il opte : il est insensé ou méchant.

Duclos.

Les traits de la médisance et de la calomnie sont acérés par les deux bouts; ils blessent souvent la main qui les enfonce.

Pensée indienne.

MÉMOIRE

Tout le monde se plaint de sa mémoire et personne ne se plaint de son jugement.

La Rochefoucauld.

La mémoire, comme les livres qui restent longtemps renfermés dans la poussière, demande à être déroulée de temps en temps; il faut, pour ainsi dire, en secouer tous les feuillets afin de les trouver en état au besoin.

Sénèque.

La reconnaissance est la mémoire du cœur.

Prov. français.

MENSONGE

On ne croit plus un menteur même lorsqu'il dit la vérité.

Aristote.

La force et le courage ne mentent jamais.

Christine.

Le mensonge peut être regardé comme le marchepied de tous les vices.

S. Dubay.

Outre que le mensonge est odieux, si on réfléchissait aux embarras et aux soins qu'il donne, on se garderait de prendre tant de peine pour s'ôter toute confiance et se faire mépriser.

Bonnin.

Le Seigneur a en abomination les lèvres menteuses: mais ceux qui agissent sincèrement lui sont agréabl s.

Salomon.

Il n'est point de vice plus honteux et plus dégradant que celui de la perfidie, ni de rôle plus humiliant que celui d'un menteur ou d'un fourbe pris sur le fait.

Bacon.

Le mensonge est pour l'homme un grand opprobre; il est continuellement dans la bouche des hommes sans conduite.

Ecclés.

Ne mens jamais.

Caton.

Celui qui dit un mensonge ne prévoit point le travail qu'il entreprend, car il faudra qu'il en invente mille autres pour soutenir le premier.

Pope.

La vie des menteurs est sans honneur, et leur honte les accompagne toujours.

Ecclés.

Mensonge est un chemin bien court à celui qui s'en aide; mais la fosse est au bout où le menteur se précipite.

Amyot.

Il vaut mieux avoir affaire à un voleur qu'à un homme qui ment sans cesse : mais la perdition sera le partage de l'un et de l'autre.

Ecclés.

Celui qui ment dans une chose, ne doit être cru dans aucune.

Prov. lat.

MÉRITE

Le mérite console de tout.

Montesquieu.

MODE

Un homme fat et ridicule rêve la veille par où et comme il pourra se faire remarquer le jour qui suit. Un philosophe se laisse habiller par son tailleur. Il y a autant de faiblesse à fuir la mode qu'à l'affecter.

La Bruyère.

MODÉRATION

La modération est la vertu suprême.
L'excès mine le corps, il dégrade l'esprit.

A son funeste joug quiconque s'asservit
Est aux autres nuisible et se nuit à soi-même.

Pibrac.

Craignez l'excès du zèle; et, dans les vertus mêmes,
Sans cesse conservez la modération.
Dans le milieu toujours est la perfection :
On ne la trouvera jamais dans les extrêmes.

Ch.-G. Morel.

On aime qu'un jeune homme écoute la censure :
Il prouve que son âme est sans présomption;
Si par un froid mépris il répond à l'injure,
Il possède un trésor : la modération.

P. Mathieu.

MODESTIE

Voulez-vous qu'on dise du bien de vous, n'en dites point.

La Bruyère.

Je ne vois jamais un homme modeste sans être persuadé que c'est uniquement l'occasion qui lui manque, et qu'il renferme des trésors qui n'ont besoin que d'une clef pour s'ouvrir, c'est-à-dire d'un juste encouragement pour paraître avec éclat.

Pascal.

Soyez industrieux et libres; soyez modestes et libres.

Franklin.

La modestie est au mérite ce que les ombres sont

aux figures dans un tableau : elle lui donne de la force et du relief.

La Bruyère.

MŒURS

Toute la doctrine des mœurs tend uniquement à nous rendre heureux.

Bossuet.

Il y a cette différence entre les lois et les mœurs, que les lois règlent plus les actions du citoyen et que les mœurs règlent plus les actions des hommes.

Montesquieu.

MOLLESSE

L'expérience confirme que la mollesse ou l'indulgence pour soi et la dureté pour les autres n'est qu'un seul et même vice.

La Bruyère.

MONDE

Quand on veut plaire dans le monde, il faut se résoudre à se laisser apprendre beaucoup de choses qu'on sait par des gens qui les ignorent.

Chamfort.

Sachez précisément ce que vous pouvez attendre des hommes en général et de chacun d'eux en particulier, et jetez-vous ensuite dans le commerce du monde.

La Bruyère.

MORALE

Un cœur parfaitement droit n'admet pas plus d'accommodement en morale qu'une oreille juste n'en admet en musique.

Lévis.

Un seul précepte de morale peut tenir lieu de tous les autres; c'est celui-ci : Ne fais ni ne dis jamais rien que tu ne veuilles que tout le monde voie et entende, et, pour moi, j'ai toujours regardé comme le plus estimable des hommes ce Romain qui voulait que sa maison fût construite de manière qu'on vît tout ce qui s'y faisait.

Duclos.

MORT

Celui qui s'acquitte bien de ses devoirs se prépare tous les jours à la mort et peut la voir venir sans terreur.

Charron.

Dirige toutes tes actions et toutes tes pensées comme si tu devais mourir aujourd'hui.

Imit. J.-C.

Ne péchez pas, vous aurez moins de chagrin à l'heure de votre mort.

Max. orient.

Apprends à bien vivre, et tu sauras bien mourir.

Confucius.

Sois donc toujours prêt et vis de telle manière, que si la mort te surprend, elle te trouve préparé.

Imit. J.-C.

Le pauvre, en sa cabane où le chaume le couvre,
          Est sujet à ses lois,
Et la garde qui veille aux barrières du Louvre
          N'en défend pas les rois.

Malherbe.

Heureux et sage celui qui tâche d'être tel toute sa vie qu'il désire être au jour de sa mort.

Imit. J.-C.

Il y a une loi à laquelle tous les hommes sont soumis, c'est celle qui nous ordonne de naître et de mourir.

Prov. lat.

Les hommes craignent la mort par la même raison que les enfants ont peur dans les ténèbres, parce qu'ils ne savent pas de quoi il s'agit.

Bacon.

Le suicide est à la fois bien lâche et téméraire : il ne peut lutter contre le temps, il brave l'éternité.

Mabire.

Ne différez donc pas jusqu'à l'article de la mort; car, à proprement parler, un mourant donne le bien d'autrui et non le sien.

Bacon.

Pourquoi craindre la mort si l'on a assez bien vécu pour n'en pas craindre les suites ?

Buffon.

Je l'attends, cette mort, sans crainte ni désir ;
Je ne puis l'avancer, je ne puis la choisir.
L'exemple de Caton est trop facile à suivre :
Lâche qui veut mourir, courageux qui peut vivre !
Demeurons dans le poste où le ciel nous a mis,
Et s'il nous en rappelle, à ses ordres soumis,
Partons. Heureux alors qui, tournant en arrière
Un regard sur les pas de toute sa carrière,
Sur tant de jours passés, qu'il se rend tous présents,
Quelque nombreux qu'ils soient, les voit tous innocents !

Racine fils.

NATURE

Il n'y a point de contradictions dans la nature.

Vauvenargues.

C'est une sphère infinie dont le centre est partout, la circonférence nulle part.

Pascal.

L'immense majorité des hommes ne voit ni toute la beauté, ni toute la hideur des choses de la nature.

Edmond Thiaudière.

NATUREL

Rien n'empêche tant d'être naturel que l'envie de le paraître.

La Rochefoucauld.

Quand on voit le style naturel, on est tout étonné et

ravi; car on s'attendait de voir un auteur et on trouve un homme.

Pascal.

Nous gagnerions plus de nous laisser voir tels que nous sommes que d'essayer de paraître ce que nous ne sommes pas.

La Rochefoucauld.

NOBLESSE

La noblesse est la préférence de l'honneur à l'intérêt; la bassesse, la préférence de l'intérêt à l'honneur.

Vauvenargues.

Si la noblesse est vertu, elle se perd par tout ce qui n'est pas vertueux; si elle n'est pas vertu, c'est peu de chose.

La Bruyère.

NOM

Il n'est pas si aisé de se faire un nom par un ouvrage parfait que d'en faire valoir un médiocre par le nom qu'on s'est déjà acquis.

La Bruyère.

OFFENSE

Se venger d'une offense, c'est se mettre au niveau de son ennemi; la lui pardonner, c'est s'élever fort au-dessus de lui.

La Rochefoucauld.

Quand on me fait une offense, je tâche d'élever mon âme si haut, que l'offense ne parvienne pas jusqu'à elle.

Descartes.

Quand on a pardonné les offenses, il ne faut plus s'en souvenir.

Christine.

OISIVETÉ

Comptez le temps que vous passez dans une oisiveté absolue, c'est-à-dire à ne rien faire ou dans des dissipations qui ne mènent à rien, et voyez l'impôt que vous faites peser sur vous.

Franklin.

L'oisiveté est la rouille de l'âme; l'oisiveté est aussi fatigante que le repos est doux.

Levis.

L'oisiveté est mère de tous les vices.

Proverbe.

L'oisiveté amène avec elle des incommodités et raccourcit sensiblement la durée de la vie.

Franklin.

Robinson dans son île, privé de tout et forcé aux plus pénibles travaux pour assurer sa subsistance journalière, supporte la vie, et même goûte, de son aveu, plusieurs moments de bonheur. Supposez qu'il soit dans une île enchantée, pourvue de tout ce qui est agréable à la vie, peut-être le désœuvrement lui eût-il rendu l'existence insupportable.

Chamfort.

L'oisiveté ressemble à la rouille, elle use beaucoup plus que le travail : la clef dont on se sert est toujours claire.

Franklin.

OPINIATRETÉ

L'opiniâtreté est une fermeté déraisonnable dans nos sentiments.

Vauvenargues.

Les gens faibles ne plient jamais quand ils le doivent.

Cardinal de Retz.

OPINION

Le vulgaire, c'est-à-dire presque tout le monde, reçoit ses opinions toutes faites. Quand la fabrique est mauvaise, on les reçoit mauvaises, c'est-à-dire fausses, sottes, peu favorables au bien-être de la société. Nous vivons encore en grande partie sur des opinions fabriquées dans des temps de barbarie; nous les usons jusqu'au bout.

J.-B. Say.

On ne doit combattre l'opinion que par le raisonnement. On ne tire pas des coups de fusil aux idées.

Rivarol.

ORDRE

Avec de l'ordre la médiocrité peut faire ce que ne peut point l'abondance, qui n'a pas de règle.

Stanislas.

Celui qui ne gouverne point sa maison avec ordre **ne**
possédera point.

Salomon.

L'ordre a trois avantages : il soulage la mémoire, il
ménage le temps, il conserve les choses.

A. Dufresne.

Le désordre a trois inconvénients : l'ennui, l'impatience et la perte du temps.

A. Dufresne.

Produire de l'ordre, c'est produire de l'économie;
produire de l'économie, c'est produire du capital; produire du capital, c'est produire l'aliment même du travail

Eugène Léautey

ORGUEIL

L'orgueil est un mendiant qui crie aussi haut que le
besoin, mais qui est infiniment plus insatiable.

Franklin.

Il est plus aisé de réprimer la première fantaisie que
de satisfaire toutes celles qui viennent ensuite.

Franklin.

La gloire qui dîne de l'orgueil fait son souper du
mépris.

Franklin.

La gloire déjeune avec l'abondance, dîne avec la pauvreté et soupe avec la honte.

Franklin.

L'orgueil fait faire autant de bassesses que l'intérêt.

Lévis.

Il faut définir l'orgueil une passion qui fait que de tout ce qui est au monde l'on n'estime que soi.

Théophraste.

L'amour-propre éclairé nous donne l'envie de plaire; l'orgueil nous en éloigne.

La Bruyère.

L'orgueil est l'ennemi du bonheur.

Proverbe.

OSTENTATION

Gardez-vous de faire ostentation de tout, car vous manquerez bientôt d'admirateurs.

Gracian.

Il y a deux sortes d'ostentation : une ostentation qui se montre en faisant étalage d'un rien, et une ostentation qui se cache en faisant mystère de tout.

Fontenelle.

L'ostentation de franchise est un poignard caché.

Marc-Aurèle.

PARDON

Pardonnez souvent aux autres, jamais à vous-même.

P. Syrus.

Pardonnez à votre prochain qui vous a nui, et, lorsque vous implorerez vous-même la miséricorde du Seigneur, vos péchés vous seront remis.

Ecclés.

La vertu pardonne au méchant comme l'arbre sandal parfume la hache qui l'a frappé.

Pensée indienne.

Ne cherchez pas à tirer vengeance et ne conservez pas le souvenir de l'outrage que vous ont fait vos concitoyens.

Lévitique.

PARENTS

Honore ton père et ta mère.

Saint Marc.

Aime tes parents.

Caton.

Honorez votre père, votre fils vous honorera de même.

Max. orient.

Un père et une mère sont naturellement nos premiers amis; ils sont les mortels à qui nous devons le plus.

Silvio Pellico.

Heureux qui peut rendre à son père et à sa mère tous les soins qu'il en a reçus dans son enfance! Plus heureux encore qui leur rend leur sourire, leurs caresses, leurs joies!

F. Denis.

Celui qui n'a point le bonheur domestique est le plus malheureux des hommes, car il n'a plus de branche à laquelle il puisse se rattacher.

Bonnin.

PARESSE

Nous avons beaucoup d'impositions très onéreuses!
notre paresse nous prend deux fois autant que le gouvernement, notre orgueil trois fois autant, et notre incon-
sidération quatre fois autant encore. Nous pourrions en
diminuer le poids en suivant le conseil : Aide-toi, je
t'aiderai.

Franklin.

Les paresseux ont toujours envie de faire quelque
chose.

Vauvenargues.

S'il y avait un gouvernement qui obligeât à donner la
dixième partie du temps, pour son service, on trouverait
assurément cette condition fort dure; mais la plupart de
nous sont taxés par leur paresse d'une manière beaucoup plus tyrannique.

Franklin.

Combien de fortunes se dissipent depuis que les
femmes ont négligé les quenouilles et le tricot pour la
table à thé, et que les hommes ont quitté pour le punch
la hache et le marteau!

Franklin.

La paresse va si lentement, que la pauvreté l'atteint
tout à coup.

Franklin.

PARLEUR

Pour l'homme bien avisé il ne faut que peu de paroles. Ce n'est pas la quantité des mots qui remplit le boisseau.

Franklin.

Pensez deux fois avant de parler une, et vous parlerez deux fois mieux.

Plutarque.

On aime mieux dire du mal de soi-même que de n'en point parler.

La Rochefoucauld.

C'est une chose qui m'a toujours semblé une insulte au public que ces discours d'apparat où un orateur prononce en termes ronflants le contraire de ce qu'il pense, devant une assemblée qui sait le contraire de ce qu'il dit.

J.-B. Say.

Les discours prolixes et recherchés sont précisément aussi commodes pour l'expédition des affaires qu'une robe à queue l'est pour la course.

Bacon.

Qui parle sème, qui écoute récolte.

Pythagore.

PATIENCE

La patience est un arbre dont la racine est amère et dont les fruits sont très doux.

Max. pers.

Étudiez-vous à supporter avec patience les défauts et les faiblesses des autres, quels qu'ils soient, parce que

vous en avez vous-même beaucoup que les autres
doivent supporter. Si vous ne pouvez pas vous réduire
vous-même à tout ce que vous souhaiteriez, comment
pourrez-vous y réduire les autres?

Imit. J.-C.

La patience est la clef de toutes les portes et le remède
à tous les maux.

Max. orient.

PATRIE

Le patriotisme consiste à aider son pays de sa personne et de ses biens au delà de ce que les lois pres-
crivent, comme la bienfaisance consiste à dépasser ses
devoirs envers les autres hommes.

Levis.

L'amour de la patrie commence à la famille.

Bacon.

Il n'y a de bon patriote que l'homme vertueux, que
l'homme qui comprend et aime tous ses devoirs et s'at-
tache à les remplir.

Silvio Pellico.

Après Dieu c'est à la patrie que nous devons le premier hommage de notre dévouement.

L'Hospital.

C'est la liberté, la propriété, la sûreté qui rendent la
patrie chère, et c'est l'amour de la patrie qui fait le
citoyen.

D'Holbach.

PAUVRETÉ

Il vaut mieux être pauvre que d'avoir des richesses mal acquises.

Max. orient.

Pauvreté honnête vaut mieux que richesse mal acquise.

Prov. gr.

Ne pas savoir supporter la pauvreté est une chose honteuse; ne pas savoir la chasser par son travail est une chose plus honteuse.

Périclès (aux Athéniens).

PEINE

La plupart des peines n'arrivent si vite que parce que nous faisons la moitié du chemin.

Lévis.

PENSÉE

L'homme se déprave dès qu'il a dans le cœur une vraie pensée qu'il est constamment forcé de dissimuler.

Benjamin Constant.

Les pensées d'un homme fort et laborieux produisent toujours l'abondance.

Salomon.

La pensée console de tout et remédie à tout. Si quelquefois elle vous fait du mal, demandez-lui le remède du mal qu'elle vous a fait, elle vous le donnera.

Chamfort.

La pensée est un discours que l'esprit se tient à lui-même.

J. de Maistre.

N'usez d'aucun méchant détour; pensez avec innocence et justice; parlez comme vous pensez.

Franklin.

PERSÉVÉRANCE

Vous me direz qu'il y a beaucoup à faire et que vous n'avez pas la force : cela peut être; mais ayez la volonté et la persévérance, et vous verrez merveille.

Franklin.

L'eau qui tombe goutte à goutte parvient à user la pierre; avec du travail et de la patience une souris coupe un câble, et de petits coups répétés abattent de grands chênes.

Franklin.

PHILOSOPHIE

Tout homme intelligent doit avoir à quarante ans une philosophie comme il doit avoir une hygiène. Il doit savoir maintenir l'équilibre de son esprit comme la santé de son corps.

Victor Hugo.

La philosophie n'est que l'exercice même de la raison, l'activité de l'esprit appliquée à l'observation des phénomènes et à la recherche des causes par lesquelles ils peuvent être expliqués.

Lamennais.

Notre philosophie est une philosophie du travail, l'effort pour relier l'idéal au réel par la science du possible, pour accorder dans l'individu les penchants qui se contrarient, dans la société les intérêts qui s'opposent, et fonder ainsi la paix en nous-même et la paix entre les hommes.

Gabriel Séailles.

PLAISANTERIES

Il ne faut jamais hasarder la plaisanterie, même la plus douce et la plus permise, qu'avec des gens polis et qui ont de l'esprit.

La Bruyè·e.

Les plaisanteries que notre frivolité se permet si légèrement sans en prévoir les suites laissent souvent après elles des plaies profondes.

D'Alembert.

. PLAISIR

Les plaisirs fatiguent plus que les affaires.

Christine.

Les uns prennent du plaisir à une chose, les autres à une autre; et moi à rendre mon esprit sain.

Marc-Aurèle.

Si les peines détruisent le bonheur, les plaisirs le dérangent.

Lévis.

POLITESSE

La science des égards est la science de la politesse et

l'âme de la société; elle fait qu'on rend à chacun ce qui lui appartient.

La Roche.

La politesse est le partage de la haute civilisation et le plus fort lien de la sociabilité.

Alibert.

La politesse est comme l'eau courante qui rend unis et lisses les plus durs cailloux.

Mabire.

La politesse est la fleur de la morale, la grâce l'embellit et la rend aimable.

Gioja.

La politesse est une monnaie destinée à enrichir non celui qui la reçoit, mais celui qui la dépense.

Proverbe persan.

PRÉVOYANCE

Si tu achètes ce qui est superflu pour toi, tu ne tarderas pas à vendre ce qui t'est le plus nécessaire : fais toujours réflexion avant de profiter du bon marché.

Franklin.

Souvent un bon marché n'est qu'illusoire, et en vous gênant dans vos affaires il vous cause plus de tort qu'il ne vous fait de profit.

Franklin.

J'ai vu quantité de gens ruinés pour avoir fait de bons marchés : c'est donc une folie que d'employer son argent à acheter un repentir.

Franklin.

Avant de consulter votre fantaisie, consultez votre
bourse.

Franklin.

Êtes-vous désireux de savoir ce que vaut l'argent,
allez et essayez d'en emprunter à quelqu'un; celui qui
veut faire un emprunt doit s'attendre à une mortification.
Il en arrive autant à ceux qui prêtent à certaines gens
quand ils vont demander leur dû.

Franklin.

Les enfants et les fous imaginent que vingt francs et
vingt ans ne peuvent jamais finir.

Franklin.

A force de prendre à la huche sans rien y mettre, on
trouve bientôt le fond; alors que le puits est à sec, on
connaît la valeur de l'eau.

Franklin.

Épargnez pendant que vous le pouvez pour le temps
de la vieillesse et du besoin. Le soleil du matin ne dure
pas tout le jour. Le gain est incertain et passager; mais
la dépense sera toujours continuelle et certaine.

Franklin.

Il est plus aisé de bâtir deux cheminées que d'en tenir
une chaude: ainsi allez plutôt vous coucher sans souper
que de vous lever avec des dettes.

Franklin.

Gagnez ce qu'il vous est possible et sachez ménager
ce que vous avez gagné; c'est le véritable secret de chan-
ger votre plomb en or.

Franklin.

PRIÈRE

La prière nous met en rapport avec notre Père céleste; elle élève notre âme, nos pensées; elle nous rend meilleurs et nous fait sentir que nous sommes les enfants de Dieu.

Madame Hottermann.

La Divinité, qui n'a aucun besoin de nos louanges, nous commande cependant de l'honorer, parce que nous ne pouvons approcher d'elle par la pensée sans devenir meilleurs.

Cuvier.

La prière est la respiration de l'âme; qui ne prie pas ne vit pas.

J. de Maistre.

Heureuse l'âme qui, s'élevant au-dessus d'elle-même, et, malgré le corps qui l'appesantit, remontant à son origine, passe au travers des choses créées sans s'y arrêter, et va se perdre heureusement dans le sein de Dieu.

Bossuet.

La prière est le principal moyen d'acquérir la vertu.

Pascal.

PROBITÉ

L'homme de probité ne se contente pas de ne point faire des injustices : il croit être dans l'obligation de faire le bien, de rendre service. Ne pas obliger quand on le peut, ce n'est pas être honnête homme.

Addiron.

Il faut craindre surtout l'homme de talent sans probité.

P. H.

La probité est comme le sein de la mer : l'une ras-
semble toutes les rivières, et l'autre toutes les vertus
pour en composer l'homme de bien.

Juvénal.

Qui n'aurait que la probité que les lois exigent et ne
s'abstiendrait que de ce qu'elles punissent serait encore
un assez malhonnête homme.

Duclos.

La probité peut suppléer à beaucoup d'autres qualités, mais sans elle aucune autre qualité n'a de valeur.
Il ne faut jamais se fier à ceux qui manquent de probité,
quelques talents qu'ils puissent avoir.

Washington.

PROCHAIN

J'aime mieux ma famille que moi-même, j'aime mieux
ma patrie que ma famille, mais j'aime encore mieux le
genre humain que ma patrie.

Fenelon.

Perdez le souvenir de tous les outrages que vous
avez reçus de votre prochain et ne faites aucune œuvre
de violence.

Ecclés.

Ne fais à autrui que ce que tu veux qui te soit fait :
tu n'as besoin que de cette loi : elle est le fondement et
le principe de toutes les autres.

Confucius.

PROMESSES

Examine bien si ce que tu promets est juste et si tu peux tenir; la promesse faite ne doit plus être révoquée.

Max. chin.

Le plus lent à promettre est toujours le plus fidèle à tenir.

Lévis.

L'honnête homme tient sa parole en dépit de toute crainte et de toute espérance.

Massias.

PROPRETÉ

Sois propre.

Caton.

La propreté est une demi-vertu.

Saint Augustin.

Le défaut de propreté est une négligence qui n'admet point d'excuses : partout où l'eau ne se paye pas, tout le monde a certainement le pouvoir d'être propre.

Buchanan.

La propreté est à l'égard du corps ce qu'est la décence dans les mœurs; elle sert à témoigner le respect qu'on a pour les autres et pour soi-même.

Bacon.

La propreté est la parure qui convient le mieux.

Benj. Delessert.

Ne souffrez aucune malpropreté ni sur votre corps, ni sur vos vêtements, ni dans votre maison.

Franklin.

PROPRIÉTÉ

Le droit de propriété est le principe créateur et conservateur de toute société.

Segur.

La propriété est la base de toute civilisation et de toute association politique.

Mabire.

PRUDENCE

La prudence consiste dans une raison éclairée, dans une sagesse constante, dans l'art de se conduire par de justes réflexions.

Descartes.

Fréquente les bons.

Caton.

Se fier à tout le monde et ne se fier à personne sont deux excès.

Sénèque.

Dis-moi qui tu hantes et je te dirai qui tu es.

Max. esp.

Ne se défier de personne est simplicité, se défier de tout le monde est folie; se défier de soi est le premier pas vers la sagesse.

Lingrée.

Hante les bons et tu seras bon.

Max. esp.

La prudence ne prévient pas tous les malheurs; mais le défaut de prudence ne manque jamais de les attirer.

Max. esp.

QUERELLE

C'est un honneur à l'homme de se séparer de toute contestation; mais tous les insensés se mêlent à des querelles qui deviennent pour eux une source de honte.

Salomon.

Celui qui commence une querelle est comme celui qui donne une ouverture à l'eau : abandonnez la dispute avant qu'elle s'engage.

Salomon.

Un morceau de pain sec où il y a la paix vaut mieux qu'une maison remplie de viandes apprêtées où il y a des querelles.

Salomon.

N'ayez jamais querelle avec personne : la querelle est indigne d'un honnête homme.

Max. orient.

RAILLERIE

La raillerie est un discours en faveur de son esprit contre son bon naturel.

Montesquieu.

Plus on aime à railler, plus on s'attire de méchantes affaires.

Max. orient.

Ne raille personne.

Caton.

Il faut beaucoup d'esprit pour soutenir le personnage de railleur, et peu de bon sens pour l'entreprendre.

Mabire.

La raillerie est toujours mal reçue de celui à qui elle s'adresse, et ne fait guère d'honneur à celui qui raille. Le dessein de piquer quelqu'un est dangereux : on s'expose à entendre des réponses fort offensantes.

Mabire.

RAISON

Si vous ne voulez pas écouter la raison, elle ne manquera pas de se faire sentir.

Franklin.

Il ne suffit pas d'avoir raison; c'est gâter son opinion que de la soutenir d'une manière brusque et hautaine.

Fénelon.

La raison nous commande bien plus impérieusement qu'un maitre; car en désobéissant à l'un on est malheureux, et en désobéissant à l'autre on est un sot.

Pascal.

Ceux qui veulent toujours avoir raison sont presque toujours des gens peu raisonnables.

Ancelot.

Que la foi ne dédaigne pas la raison, car il est telle heure où l'esprit philosophique offre un point d'appui sauveur à l'âme religieuse prête à ployer ses ailes de lassitude.

Victor Hugo.

La foi et la raison doivent concourir à la bonne gestion de notre vie : la foi, en rendant notre raison fidèle; la raison, en rendant notre foi raisonnable.

Edmond Thiaudière.

RECONNAISSANCE

Soyez reconnaissants.

Saint Paul.

On doit oublier les offenses, mais jamais les bienfaits.

Christine.

Il n'y a guère au monde un plus bel excès que celui de la reconnaissance.

La Bruyère.

La reconnaissance est un des premiers besoins d'une belle âme.

Livry.

Celui qui a reçu les bienfaits doit s'en souvenir; celui qui a rendu un service doit l'oublier.

Cicéron.

L'ingratitude est un vice contre nature : les animaux mêmes sont reconnaissants.

Ségur.

RÉFORME

Pourquoi remettez-vous de jour en jour l'exécution de vos bons désirs? Commencez dès ce moment et dites-vous à vous-même : Voici le temps d'agir, voici le temps de combattre, voici le temps de se corriger.

Imit. J.-C.

RELIGION

Il faut, pour rendre l'homme heureux, que la religion lui montre qu'il y a un Dieu, qu'on est obligé de l'aimer, que notre véritable félicité est d'être à lui et notre unique mal d'être séparé de lui.

Pascal.

La religion est toujours le meilleur garant qu'on puisse avoir des mœurs des hommes.

Montesquieu.

Les jeunes gens ont besoin de l'appui de la religion pour se maintenir dans la pratique de la vertu jusqu'à ce qu'elle soit devenue pour eux une habitude, ce qui est le grand point pour la rendre durable.

Franklin.

La religion est pour tous les hommes la règle infaillible des bonnes mœurs.

Stanislas.

La religion seule lutte avec avantage contre les épreuves de la vie et donne à l'homme la force d'accomplir ses devoirs.

La Rochefoucauld.

Le triomphe de la religion est de consoler l'homme dans le malheur et de mêler une douceur céleste aux amertumes de la vie.

Marmontel.

Le passé nous fournit des regrets, le présent des chagrins et l'avenir des craintes : la religion seule calme tout et console de tout.

Madame Lambert.

La religion est toujours bienfaisante, toujours conciliatrice, toujours prête à accueillir ceux qui, fatigués des erreurs qui affligent, ont besoin des vérités qui consolent.

Fénelon.

Ce divin livre (l'Évangile), le seul nécessaire à un chrétien et le plus utile de tous à quiconque même ne le serait pas, n'a besoin que d'être médité pour porter dans l'âme l'amour de son auteur et la volonté d'accomplir ses préceptes. Jamais la vertu n'a parlé un si doux langage : jamais la plus profonde sagesse ne s'est exprimée avec tant d'énergie et de simplicité. On n'en quitte point la lecture sans se sentir meilleur qu'auparavant.

Aph.

REPENTIR

Il y aura plus de joie dans le ciel pour un seul pécheur qui s'amende que pour quatre-vingt-dix-neuf justes qui n'ont pas besoin de repentance.

Évang.

Celui qui cache ses crimes ne réussira point, mais celui qui les confesse et qui s'en retire obtiendra miséricorde.

Salomon.

RÉPUTATION

Préférons la bonne réputation à la grande : tenons moins à ce que l'on parle de nous qu'à la manière dont on en parle.

P. H.

Une once de bonne réputation vaut mieux que cent livres d'or.

Prov. lat.

La bonne réputation vaut mieux que les grandes richesses.

Salomon.

Une bonne réputation est un second patrimoine.

Prov. latin.

D'abord les ouvrages donnent de la réputation à l'ouvrier, et ensuite l'ouvrier aux ouvrages.

Montesquieu.

Bonne renommée vaut mieux que ceinture dorée.

Prov. franç.

Acquiers une bonne renommée, puis repose-toi.

Prov. angl.

La mauvaise plaie se guérit, la mauvaise renommée ne se guérit point.

F. Denis.

Ne vous hâtez pas de vous enrichir : à une grande fortune préférez toujours une bonne réputation.

Isocrate.

RÉSERVE

Il est plus facile de s'abstenir que de se contenir.

Fontenelle.

Celui qui est docte et prudent est modéré dans ses discours, et l'homme savant n'explique sa pensée qu'avec réserve; l'insensé même passe pour sage lorsqu'il se tait, et pour intelligent lorsqu'il tient la bouche fermée.

Salomon.

RÉSIGNATION

La première loi de la résignation nous vient de la nature. Les sauvages ainsi que les bêtes se débattent fort peu contre la mort et l'endurent presque sans se plaindre. Cette loi détruite, il s'en forme une autre qui vient de la raison; mais peu savent l'en tirer, et cette résignation factice n'est jamais aussi entière que la première.

Buffon.

Plus le malheur est grand, plus il est grand de vivre.

Crébillon.

RICHESSE

Contentement passe richesse.

Prov.

Ne prenons point les richesses pour un but, elles sont un moyen : leur importance résulte du pouvoir qu'elles ont d'apaiser les souffrances, et les plus précieuses sont celles qui servent au bien-être du plus grand nombre d'hommes.

Droz.

N'envions pas à une sorte de gens leurs grandes richesses; ils les ont à titre onéreux et qui ne nous accommoderait point : ils ont mis leur repos, leur santé, leur honneur et leur conscience pour les avoir; cela est trop cher, et il n'y a rien à gagner à un tel marché.

La Bruyère.

Les vertus ont toujours remplacé la fortune; la fortune jamais n'a pu les remplacer.

François de Neufchâteau.

Le bonheur des riches ne consiste pas dans le bien qu'ils ont, mais dans le bien qu'ils font.

Fénelon.

RIDICULE

Le ridicule est l'arme favorite du vice.

Aph.

Le sot ne se retire jamais du ridicule, et c'est son caractère; l'on y entre quelquefois avec de l'esprit, mais l'on en sort.

La Bruyère.

Avant de te moquer du boiteux, regarde si tu marches droit.

Max. orient.

RUSE

Je n'ai jamais vu que la ruse puisse tenir longtemps contre la sincérité.

Rivarol.

SAGESSE

Le vrai sage est celui qui apprend de tout le monde.

Max. pers.

Apprends à te connaître. Hélas! tel se croit sage,
Qui n'est qu'un insensé; tel peut être savant,
Dont la présomption fait l'unique talent.
La jeunesse a surtout ces défauts en partage.

Pibrac.

Le sage se demande à lui-même la cause de ses fautes; l'insensé la demande aux autres.

Confucius.

Les hommes ne sont heureux qu'autant qu'ils sont sages et prévoyants.

Aristote.

Pour arriver au comble de la sagesse, il ne faut ni trop manger, ni trop dormir, ni trop parler.

Max. orient.

On se réjouissait à ta naissance et tu pleurais; vis de manière que tu puisses te réjouir au moment de ta mort et voir pleurer les autres.

Max. orient.

Une seule journée d'un sage vaut mieux que toute la vie d'un sot.

Max. arabe.

SANTÉ

Se coucher de bonne heure et se lever matin sont les meilleurs moyens de conserver sa santé, sa fortune et son jugement.

Franklin.

La santé est, de tous les trésors, le plus précieux et le plus mal gardé.

Marc-Aurèle.

Celui qui a la santé est riche sans le savoir.

Prov. ital.

La santé et la bonne disposition valent mieux que tout l'or du monde.

Salomon.

Il faut entretenir la santé du corps pour conserver celle de l'esprit.

Vauvenargues.

SAVOIR

Il vaut mieux orner le dedans que le dehors.

Max. orient.

SCIENCE

La science doit être la plus haute personnification de la patrie, parce que, de tous les peuples, celui-là sera toujours le premier qui marchera le premier par les travaux de la pensée et de l'intelligence.

Pasteur.

La science n'aura détruit les rêves du passé que pour mettre à la place une réalité mille fois supérieure.

Ernest Renan.

L'esprit humain, en approfondissant de plus en plus la sphère métaphysique et morale, ne fera que briser un monde étroit et mesquin pour ouvrir un autre monde de merveilles infinies.

Ernest Renan.

La science que nous proclamons procède d'un esprit nouveau de tolérance, fondé sur la liberté de la pensée et sur la connaissance exacte des lois naturelles.

La science que nous représentons impose ses directions dans tous les ordres, industriel, politique, militaire, éducateur et surtout moral, en s'appuyant exclusivement sur les lois naturelles, constatées *a posteriori* par les observations et les expérimentations des savants de tout genre : physiciens et mécaniciens, aussi bien qu'historiens et économistes, chimistes, médecins et naturalistes, aussi bien que psychologues et sociologues.

M. Berthelot.

Sans renoncer, ni l'une ni l'autre, aux vérités morales acquises et aux vérités démontrées, la foi comme la science doivent suivre le cours de leur évolution et

de leurs transformations respectives, car l'une et l'autre
répondent aux aspirations les plus hautes et les plus
pures de l'intelligence et de la conscience humaines.

A. L.

SECRET

La maxime la plus sage à l'égard des secrets est de
n'en point écouter et de n'en point dire.

Marin.

Comment prétendons-nous qu'un autre garde notre
secret si nous ne pouvons le garder nous-mêmes?

La Rochefoucauld.

Qui dit son secret ne taira pas celui d'autrui.

Prov. esp.

Ce que trois savent, tous le savent.

Prov. esp.

Tu te rends esclave de celui à qui tu dis ton secret.

Prov. esp.

Il vaut mieux garder son secret soi-même que de le
confier à la garde d'un autre.

Max. orient.

Si tu veux qu'une chose soit secrète, ne la dis pas; si
tu ne veux pas qu'on la sache, ne la fais pas.

F. Denis.

Disposer d'un secret, c'est disposer d'un bien qui ne
nous appartient pas, c'est un vol à la confiance, délit
plus grand que le vol de la propriété; car il y a trahison,
outre le manque à la probité.

Bonnin.

Le secret le mieux gardé est celui qu'on ne dit pas.

Mabire.

Toute révélation d'un secret est la faute de celui qui l'a confié.

La Bruyère.

SÉCURITÉ

La sécurité est la récompense de la droiture et de l'innocence.

Bossuet.

SERVICES

L'empressement donne du prix aux plus petits services.

Mabire.

Les services qu'on reçoit dans la détresse sont ceux qu'on oublie le moins.

Isocrate.

Ne dites point à votre ami : " Allez et revenez demain, je vous donnerai ce dont vous avez besoin „, lorsque vous pouvez le lui donner à l'heure même.

Salomon.

SERVITUDE

La servitude abaisse les hommes jusqu'à s'en faire aimer.

Vauvenargues.

SILENCE

Celui qui ne sait pas se taire sait rarement bien parler.

Charron.

Il est étonnant qu'on ait donné tant de règles aux hommes pour leur apprendre à parler et qu'on ne leur en ait donné aucune pour leur enseigner à se taire. On a inventé l'art de parler beaucoup sur peu de choses, au lieu qu'il fallait celui de parler peu sur beaucoup de choses.

Condillac.

Le silence est le parti le plus sûr pour celui qui se défie de lui-même.

La Rochefoucauld.

SOBRIÉTÉ

Si nous entendions dire des Orientaux qu'ils boivent ordinairement d'une liqueur qui leur monte à la tête, leur fait perdre la raison et les fait vomir, nous dirions : Cela est bien barbare.

La Bruyère.

SOCIÉTÉ

L'on est plus sociable et d'un meilleur commerce par le cœur que par l'esprit.

La Bruyère.

Celui qui croit pouvoir trouver en soi-même de quoi se passer de tout le monde se trompe fort; mais celui qui croit qu'on ne peut se passer de lui se trompe encore davantage.

La Rochefoucauld.

Des qualités trop supérieures rendent souvent un homme moins propre à la société : on ne va pas au marché avec des lingots, on y va avec de l'argent ou de la petite monnaie.

Chamfort.

Les conditions sociales et politiques se confondent souvent et tendent toujours à agir et à réagir les unes sur les autres. Il est impossible d'atteindre un idéal élevé de la vie politique dans une société misérable et d'une ignorance grossière; de même le bien-être matériel dans une société a des chances de marcher de pair avec ce perfectionnement moral et intellectuel, qui assure l'honnêteté et l'action efficace dans les questions d'intérêt public.

Th. Roosevelt.

Nous savons que Jésus-Christ n'a rien changé à l'ordre public des sociétés, qu'il n'a rien retiré aux gouvernements de la terre et ne leur a rien attribué; nous lisons dans l'Évangile qu'il les a laissés et respectés tels qu'ils étaient établis, parce que son royaume n'était pas de ce monde.

Royer-Collard.

SOINS

Le défaut de soin nuit plus que le défaut de savoir.

Franklin.

Les soins qu'on prend pour soi-même sont toujours profitables.

Franklin.

Ayez de la circonspection et du soin pour les objets même de la plus petite importance. Souvent il arrive qu'une légère négligence produit un grand mal.

Franklin.

Faute d'un clou, le fer du cheval se perd; faute d'un fer, on perd le cheval; faute de cheval, le cavalier est perdu si son ennemi l'atteint.

Franklin.

SOTTISE

Personne ne se croit fort, comme un sot, à duper les gens d'esprit.

Vauvenargues.

Le portier d'un sot peut toujours dire qu'il n'y a personne au logis.

Max. orient.

SOUHAIT

Les souhaits ne sont que des placets que la folie de l'homme présente au Destin et auxquels il fait si peu d'attention qu'il ne se donne pas la peine de les lire.

Fénelon.

STABILITÉ

Je n'ai jamais vu un arbre qu'on change souvent de place, ni une famille qui déménage souvent prospérer autant que d'autres qui restent stables.

Franklin.

Gardez votre boutique, et elle vous gardera.

Franklin.

Trois déménagements font le même tort qu'un incendie.

Franklin.

SUICIDE

C'est le rôle de la couardise, non de la vertu, de s'aller tapir dans un creux, sous une tombe massive, pour éviter les coups de la fortune : la vertu ne rompt son chemin ni son train pour orage qu'il fasse.

Montaigne.

SUPERSTITION

Il vaut mieux n'avoir aucune idée de Dieu que d'en avoir une indigne de lui, l'un n'étant qu'ignorance ou incrédulité, au lieu que l'autre est injure et impiété.

Bacon.

SURVEILLANCE

L'œil du maître fait plus que ses deux mains.

Franklin.

Ne pas surveiller les journaliers est la même chose que livrer sa bourse à leur discrétion.

Franklin.

TEMPÉRANCE

La tempérance est la santé du corps et de l'âme.

Salomon.

C'est par la tempérance qu'on assure le succès de son industrie. Qu'un homme ne sache pas épargner en même temps qu'il gagne, il mourra dans la misère après avoir été toute sa vie collé sur son ouvrage.

Franklin.

La tempérance et la vertu rendent les hommes héros, et non les conquêtes ni les succès.

Fénelon.

Plus la cuisine est grasse, plus le testament est maigre.

Franklin.

TEMPS

Le plus grand des novateurs, c'est le temps.

Bacon.

Ceux qui emploient mal leur temps sont les premiers à se plaindre de sa brièveté. Comme ils le consument à s'habiller, à manger, à dormir, à de sots discours, à se résoudre sur ce qu'ils doivent faire, ils en manquent pour leurs affaires ou pour leurs plaisirs; ceux, au contraire, qui en font un meilleur usage en ont de reste.

La Bruyère.

Le temps use l'erreur et polit la vérité.

Lévis.

Le jour auquel on ne fait pas quelque bonne action ne doit pas être mis au nombre des jours de la vie, non plus que le jour auquel on n'apprend pas quelque chose.

Max. orient.

Le temps est le rivage de l'esprit; tout passe devant lui et nous croyons que c'est lui qui passe.

Rivarol.

Le temps est un charlatan qui escamote le présent en faisant briller l'avenir.

Fontenelle.

Patience et longueur de temps
Font plus que force ni que rage.

La Fontaine.

Si vous aimez la vie, ne prodiguez pas le temps, car c'est l'étoffe dont la vie est faite.

Franklin.

TOLÉRANCE

La tolérance est la vertu des braves gens qui ne se croient pas au-dessus de l'humanité, qui se respectent entre eux et auxquels ne viendra jamais la pensée impie de refuser aux autres la liberté qu'ils revendiquent si énergiquement pour eux-mêmes.

Debidour.

TORT

Il n'y a pas de gens qui aient plus souvent tort que ceux qui ne peuvent souffrir d'en avoir.

La Rochefoucauld.

Un homme ne doit jamais rougir d'avouer qu'il a tort, car, en faisant cet aveu, il prouve qu'il est plus sage aujourd'hui qu'hier.

Pope.

TRAVAIL

Il faut travailler à son métier et soutenir sa réputation; autrement ni le fonds ni le magasin ne nous aideront à payer nos impôts.

Franklin.

Le fruit du travail est le plus doux des plaisirs.

Vauvenargues.

Le sommeil est doux à l'ouvrier qui travaille, soit qu'il ait peu ou beaucoup mangé; mais, si le riche se rassasie, il ne peut dormir.

Salomon.

Il faut me servir de mes mains puisque je ne suis pas riche; mon métier vaut un fonds de terre.

Franklin.

Bien des gens voudraient vivre, sans travailler, par leur esprit; mais ils échouent faute de fonds. L'industrie, au contraire, amène toujours l'agrément, l'abondance et la considération. Depuis que j'ai un troupeau et une vache, chacun me donne le bonjour.

Franklin.

Lorsque vous travaillez pour les autres, travaillez avec la même ardeur que si vous travailliez pour vous-même.

Confucius.

Une profession est un emploi qui réunit toujours l'honneur et le profit.

Franklin.

En limant, on fait d'une poutre une aiguille.

Aph.

Le travail du corps délivre des peines de l'esprit, et c'est ce qui rend les pauvres heureux.

La Rochefoucauld.

La faim regarde à la porte de l'homme laborieux, mais elle n'ose pas entrer.

Franklin.

Pour que le laboureur prospère, il faut qu'il conduise sa charrue ou qu'il la tire lui-même.

Franklin.

Le bien amassé par de mauvais moyens diminuera; celui qui en amasse par son travail le verra se multiplier.

Salomon.

Quiconque ne travaille pas pour vivre doit vivre pour travailler.

Edmond Thiaudière.

Le travail vrai, le travail honnête, n'est que de l'énergie humaine appliquée à une chose utile, quel que soit le domaine où cette application a lieu.

A. L.

VANITÉ

Que revient-il de cette vanité de paraître pour laquelle on se donne tant de peine et l'on s'expose à de si grands chagrins? Cela ne peut ni nous conserver la santé ni nous guérir de nos maladies. Au contraire, sans augmenter le mérite personnel, cela fait naître l'envie et précipite la ruine des fortunes.

Franklin.

Les passions les plus violentes nous laissent quelquefois du relâche; mais la vanité nous agite toujours.

La Rochefoucauld.

VENGEANCE

La vengeance la plus noble et la plus délicieuse, c'est le pardon.

Mabire.

Se venger d'une offense, c'est se mettre au niveau de son ennemi; la lui pardonner, c'est se mettre fort au-dessus de lui.

La Rochefoucauld.

Il n'y a pas de grandeur d'âme à se venger.

Max. orient.

La vengeance est souvent aussi funeste à celui qui l'exerce qu'à celui qui l'éprouve; c'est un fer aiguisé par les deux bouts qu'on appuie contre son cœur et celui de son ennemi.

Mabire.

La satisfaction que l'on tire de la vengeance ne dure qu'un moment, mais celle qu'on tire de la clémence est éternelle.

Henri IV.

Le meilleur moyen de se défaire d'un ennemi est d'en faire un ami.

Henri IV.

On ne jouit guère du plaisir de se venger; on jouit toujours de l'idée de ne pas s'être vengé.

Lingrée.

On se venge mieux d'un sot par le mépris que par les coups.

Prov. esp.

VÉRITÉ

La vérité se perd dans les discussions prolongées.

Prov. lat.

La vérité est l'éternelle compagne de la justice; c'est une mère tendre qui ne se sépare jamais de sa fille.

Livry.

La vérité est une reine qui a dans le ciel son trône éternel et le siège de son empire dans le sein de Dieu. Il n'y a rien de plus noble que son domaine, puisque tout ce qui est capable d'entendre en relève, et qu'elle doit régner sur la raison même, qui a été destinée pour guérir et gouverner toutes choses.

Bossuet.

La vérité est comme le soleil qu'une éclipse peut obscurcir, mais qu'elle ne saurait éteindre.

Stanislas.

La vérité, comme l'huile, s'élève au-dessus de tout.

Prov. esp.

Une vérité toute nue vaut mieux que le mensonge orné des plus belles fleurs de l'éloquence : ainsi une belle personne en négligé plaît davantage qu'une laide parée.

Mabire.

Dites la vérité avec courage, elle vous soutiendra toujours.

Prov. grec.

La vérité est si essentielle à l'homme, qu'il lui est beaucoup plus avantageux de ne point parler que de rien dire de contraire à ce qui est vrai.

Max. orient.

Taire la vérité, c'est enfouir de l'or.

Prov. grec.

Il faut bien des pelletées de terre pour enterrer la vérité.
F. Denis, prov. suisse.

C'est une étrange et longue guerre que celle où la violence essaie d'opprimer la vérité. Tous les efforts de la violence ne peuvent affaiblir la vérité et ne servent qu'à la relever davantage.
Pascal.

VERTU

Soyez vertueux et vous serez heureux ou au moins vous aurez fait tout ce qui convenait pour le devenir.
Franklin.

La délicatesse est la fleur de la vertu.
Lévis.

Le chemin de la vertu, quelque pénible qu'il puisse paraître, est le seul qui conduise au bonheur.
Benj. Delessert.

La vertu n'est solide que quand les principes religieux lui servent de base.
La Rochefoucauld.

La vertu seule ne meurt pas.
Prov. latin.

Ne faites pas à autrui ce que vous ne voudriez pas qui vous fût fait : l'observation exacte et précise de cette maxime fait la probité. Faites à autrui ce que vous voudriez qui vous fût fait : voilà la vertu.
Duclos.

La vertu est plus puissante que l'argent et les pierreries.
Prov. grec.

L'homme réellement vertueux fera du bien à chacun en pensées, en paroles et surtout en actions.

Prov. indien.

Qui sème la vertu moissonnera l'honneur.

Prov. ital.

La vertu d'un homme ne doit pas se mesurer par ses efforts, mais par ce qu'il fait d'ordinaire.

Pascal.

Quel est du vrai plaisir la fidèle compagne?
Tout dit : c'est la vertu, c'est là qu'est le bonheur.

Delille.

La somme des erreurs et des méchancetés decroît, tandis qu'augmente celle des vérités et des vertus.

M. Berthelot.

VICE

Le pervers veut en vain se cacher à lui-même;
Le fantôme du vice en tous lieux le poursuit :
Dans les champs, à la ville, au fond d'un noir réduit,
Qu'il soit couvert de bure ou ceint d'un diadème.

Pibrac.

Le Seigneur hait ces six choses et son cœur déteste la septième : les yeux altiers, la langue qui ment, les mains qui répandent le sang innocent, le cœur qui forme des desseins iniques, les pieds qui se hâtent de courir au mal, le faux témoin qui assure des mensonges, et celui qui sème des dissensions entre les frères.

Salomon.

Malheur à la nation où les jeunes gens ont déjà les

vices des vieillards et où ceux-ci retiennent encore les travers de la jeunesse !

Max. orient.

On peut définir le vice : le sacrifice de l'avenir au présent.

J.-B. Say.

VIEILLESSE

O mon fils! dans les jeux, aux spectacles, à table,
Cède humblement ta place à l'homme en cheveux blancs;
La vieillesse, en tous lieux, doit être aux premiers rangs;
Qui sait la respecter deviendra respectable.

Pibrac.

Ayez du respect pour ce que pourront dire les personnes avancées en âge, car les sentences populaires dont elles se servent souvent contiennent toujours quelque vérité.

Imit. J.-C.

VIGILANCE

La vigilance est la mère de la prospérité, et Dieu ne refuse rien à l'industrie.

Franklin.

La fileuse vigilante ne manque jamais de chemise.

Franklin.

Labourez pendant que le paresseux dort, vous aurez du blé à vendre et à garder. Labourez pendant tous les instants qui s'appellent aujourd'hui; vous ne savez pas les obstacles que vous trouverez le lendemain.

Franklin.

Un bon aujourd'hui vaut mieux que deux demain : avez-vous quelque chose à faire demain, faites-la aujourd'hui.

Franklin.

Vous avez tant à faire pour vous-même, pour votre propre famille, pour votre patrie : levez-vous donc dès le point du jour; que le soleil, en regardant la terre, ne puisse pas dire : Voilà un lâche qui sommeille.

Franklin.

Voulez-vous avoir un serviteur fidèle que vous aimiez, servez-vous vous-même.

Franklin.

VOLONTÉ

Rien n'est impossible : il y a des voies qui conduisent à toutes choses, et, si nous avions assez de volonté, nous aurions assez de moyens.

La Rochefoucauld.

La félicité du monde demande deux choses : pouvoir ce qu'on veut, vouloir ce qu'il faut.

Saint Augustin

PARIS

TYPOGRAPHIE PLON-NOURRIT ET Cⁱᵉ

Rue Garancière, 8

PARIS

TYPOGRAPHIE PLON-NOURRIT ET Cie

Rue Garancière, 8

9 782329 758107